李晓玲 夏浩译 · 著

像村超一样出圈

品牌创新与乡村振兴

化学工业出版社
· 北 京 ·

内容简介

本书深入剖析了贵州榕江县“村超”现象的兴起、发展及其背后的文化战略、对地方经济的深远影响，详细阐述了“村超”如何以体育赛事为载体，成功打造了一个具有广泛影响力的乡村体育品牌，带动乡村经济、社会、文化的全面振兴，展现了乡村振兴与文化自信建设的生动实践。

本书特色在于结合理论与实践、实际案例与数据分析，揭示了“村超”出圈的内在逻辑与成功要素。本书读者对象广泛，包括地方政府官员、乡村振兴研究者、体育文化产业从业者等，为其理解和借鉴“村超”模式提供了宝贵经验，也为探索新时代乡村振兴提供了极具参考价值的生动样本。

图书在版编目（CIP）数据

像村超一样出圈 ： 品牌创新与乡村振兴 / 李晓玲，夏浩译著. -- 北京 ： 化学工业出版社，2025. 10.

ISBN 978-7-122-48961-6

Ⅰ. G843.92; F320.3

中国国家版本馆 CIP 数据核字第 2025E5C457 号

责任编辑：郑叶琳　　文字编辑：史燕妮　杨振美

责任校对：宋　玮　　正文设计：韩　飞

出版发行：化学工业出版社（北京市东城区青年湖南街13号　邮政编码100011）

印　　装：三河市双峰印刷装订有限公司

710mm×1000mm　1/16　印张13½　字数130千字

2026年1月北京第1版第1次印刷

购书咨询：010-64518888　　售后服务：010-64518899

网　　址：http://www.cip.com.cn

凡购买本书，如有缺损质量问题，本社销售中心负责调换。

定　　价：58.00元

前言

乡村振兴与文化自信已成为国家发展的重要战略，这不仅关乎国家的整体布局，更紧密联系着民族复兴的伟大目标。贵州榕江县的“村超”现象提供了一个生动的研究案例。它不仅展现了乡村经济的活力，还揭示了本土文化在全球化背景下传承与创新的新路径。乡村振兴是实现国家共同富裕目标的关键环节。在这一进程中，“村超”以体育赛事为载体，带动了乡村经济、社会、文化的全面振兴。它不仅体现了乡村人民对美好生活的向往，还促进了农业产业的优化升级，以及城乡之间的融合发展。通过“村超”，我们看到了充满生机与活力的乡村新面貌。

在农业领域，榕江县立足生态、山地优势，借助“村超”热度，积极调整农业结构，锁定“精品果蔬·两茶一药”主导产业。通过优化布局建基地、强化管理促效益、招商引资延链条、培育主体促带动等措施，推动农业产业“接二连三”发展。

在工业领域，榕江县同样展现出蓬勃的活力。木材加工、家居制造等新型建材产业成为园区重点发展对象。通过招商引资、引进国内外先进的木材加工技术和设备，提高产品的质量和竞争力。同时，加快重点工业项目建设，随着工业项目的落地生根，更为这片土地注入了新的活力。

“村超”的成功举办得益于榕江县在“数字新媒体”和“本地群众文化”方面的发展活力，还得益于它得天独厚的地理位置。榕江县位于三省交汇之地，气候温和宜人，加之这里山清水秀，自然风光旖旎，为游客提供了绝佳的休闲度假场所。因此，榕江县不仅具备举办大型赛事所需的硬件设施和场地条件，更在地理位置上拥有吸引游客前来观赛、旅游的先天优势。

强大的本土特色足球文化与独特的地理区位优势相结合，共同构成了“村超”诞生的“地利”要素。这些因素相互交织、相互促进，为“村超”的火爆提供了坚实的支撑和广阔的发展空间。更重要的是，“村超”之外，榕江县还有丰富的旅游资源承接、转化客流，足以让“村超”成长为独树一帜的品牌。

此外，榕江县政府对于“村超”活动的策划也独具慧眼。“村超”举办的时间通常在夏季，此时欧洲杯、美洲杯已然结束，其他一些关注度较高的国内国际赛事都还未开始，加之临近暑假，足球爱好者和旅游爱好者都有较为充裕的时间，因此“村超”赛事举办的决定是在经过了深入调查和分析的基础上作出的。

榕江县政府也对“村超”给予了高度重视和大力支持，从赛事发起、赛程安排到节目表演等各个环节都提供了必要的指导和保障。榕江县以和美城乡“四大行动”为抓手，将城镇精致管理、农村环境整治等与经济发展、民族文化、体育文化等融合起来，为“村超”的成功举办创造了良好的环境。

而“村超”的成功还在于它完美地展示了文化自信。一方面，“村超”充分展示了贵州乡村的传统文化元素。赛事中融入了当地的民族风情、民俗表演和传统文化，让观众在欣赏足球比赛的同时，也能感受到贵州乡村的独特魅力。这种对传统文化的尊重和传承，不仅增强了赛事的文化底蕴，也让观众在享受体育带来的快乐的同时，领略到了民族文化的博大精深。

另一方面，“村超”又彰显了现代体育精神。村民们用他们的热情和毅力，诠释了足球运动的拼搏精神和团队精神。他们不畏强手，敢于挑战，用自己的实际行动展现了体育的力量和魅力。这种现代体育精神的融入，让“村超”不仅仅是一场体育赛事，更成为一次精神文化的盛宴。

站在新的历史起点上，我们应该深入认识“村超”所承载的时代价值与战略意义。它不仅是乡村振兴与文化自信的象征，更是中国式现代化进程中一股不可或缺的力量。通过“村超”，我们看到了一个充满活力、勇于探索、开放包容的乡村形象，以及中国乡村文化的独特魅力。

新时代的征程中，榕江县及其“村超”是中国农村正展现出欣欣向荣发展这一态势的生动缩影，值得中国广大县市深入研究和学习借鉴。

首先，榕江县的发展实践证明了农村发展必须立足自身优势，走特色发展之路。无论是农业产业的调整优化，还是工业项目的落地生根，榕江县都紧紧抓住了自身的资源禀赋和产业基础，形成了具有鲜明特色的产业发展格局。这一经验对于其他农村地区具有重要的借鉴意义。

其次，榕江县的发展实践强调了创新驱动的重要性。2023 年 9 月，习近平总书记在黑龙江考察调研期间，首次提到“新质生产力”的概念，它是由技术革命性突破、生产要素创新性配置、产业深度转型升级而催生的当代先进生产力。

“村超”无疑是新时代农村发展的一种新质生产力。它不仅仅是体育赛事的角逐，更是农村创新精神和实践能力的集中展示。通过“村超”这一平台，农村地区的各种资源得到有效整合，农民的主动性、创造性和团队协作能力得到极大激发，形成了一种全新的、具有强大驱动力的生产力形态。这种新质生产力，不仅推动了农村文化体育事业的繁荣发展，更促进了农村产业的创新升级和经济社会的全面进步。它以其独特的运行方式和显著的成效，成为推进中国式现代化进程中不可或缺的力量。

展望未来，中国农村的发展前景广阔而美好。随着乡村振兴战略的深入实施和新型城镇化的加快推进，中国农村将迎来更加广阔的发展空间和机遇。榕江县也将在“村超”的持续影响下，继续发挥自身的优势和特色，为中国农村的发展注入更多活力。

目录

第一章

贵州“村超”热

2023 年中国新闻网公布的“2023 年十大流行语”中，“村超”一词大放异彩。“村超”全称为乡村足球超级联赛，是由贵州榕江县民间自发组织、参赛者以村民为主的追求“快乐足球”本质的乡村体育赛事。加之比赛奖品接地气，网友根据“英超”“中超”等命名规则，将其形象地称为““村超”，又称“村 FA（足球协会）”。

自此，“村超”一词火遍大江南北，“村超”现象风靡全国，其影响力甚至跨出国门。习近平总书记在 2024 年新年贺词中特别提及并点赞了“村超”：村超活力四射，诠释了人们对美好幸福的追求，也展现了一个活力满满、热气腾腾的中国。

“村超”的诞生是贵州省榕江县足球文化长期发展的结果，也是村民们对足球热爱和拼搏精神的体现。随着赛事的不断升级和广泛传播，“村超”已经成为榕江县一项具有广泛社会影响力和商业价值的体育赛事。

第一节
“村超”是如何诞生的

一、历史渊源

榕江县坐落于贵州省东南部，属珠江与长江两大水系的分水岭，同时也是湖南、贵州和广西三省（自治区）的交汇枢纽，素有“黔省东南锁钥，苗疆第一要区”的赞誉。榕江县国土总面积达 3316 平方公里，下辖 20 个乡镇（街道）及 250 个行政村（社区），总人口 38.5 万人，其中苗族、侗族、水族、瑶族等少数民族构成了人口的主体，占比高达 83.9%。榕江县曾是国家扶贫开发工作的重点县，2020 年底，全县已成功脱贫摘帽，终结了长期以来的绝对贫困历史。但就是这样一个名不见经传的偏远小县城，却孕育出了浓厚的足球文化。

榕江体育实力强劲、足球文化氛围深入人心，是全国县域足球典型县、贵州体操之乡、贵州省体教融合试点县。2024 年成功入选第二批全民运动健身模范县创建名单。而贵州“村超”赛事不仅为贵州打造了一张崭新名片，同时，也逐渐引领其发展。如今“村超”已成为中国乡村“现象级”赛事，并被评为“是中国式现代化实践的生动诠释”“是人类文明新形态”“是乡村振兴的催化剂”。

榕江人对足球保持着高度的热忱，可以追溯至20世纪40年代，从那往后足球比赛未曾间断过。据《榕江文史资料第一辑》记载，1940年国立贵州师范学校从贵阳迁入榕江，建立了附小并将足球（小足球）纳入学校体育课程内容之一，榕江人的足球基因，就此种下。1994年，广西大学迁址榕江，伴随而来的是足球运动再一次的广泛传播。在充满活力与激情的大学生的影响下，榕江“足球热”氛围更加浓厚，足球成为当地颇具群众基础的传统体育运动项目。到了20世纪50年代，榕江中学兴起足球运动热潮。

随着时间的推移，榕江人热爱足球的氛围日渐浓郁，并逐渐将足球踢出了“学校围墙”。20世纪80年代，“要想找工作不愁，就要学会踢足球”这句话几乎是所有榕江人共同的认知。彼时，学校里的足球运动会，县体委举办的“古州杯”足球赛、“古榕杯”足球赛、“光明杯”足球锦标赛等，大大小小的赛事不胜枚举。其中，1987年，榕江县举办了首届“古州杯”足球赛，由县体委主办，县直党政群、农林水、工建交、财粮贸、文教卫等系统以及中等学校共12支足球队参赛。这届赛事虽然并非直接由全镇各街道、村委会、居委会组织，但它在榕江县足球历史上具有重要意义，为后来的足球文化发展奠定了基础。

到了20世纪90年代，榕江足球发展更甚。1990年8月，榕江足球爱好者自发成立榕江足球协会。同年10月，榕江足协队赴凯里参加“足协杯”比赛并捧回金杯。1991年4月，榕江县举办“榕城杯”足球赛，成功引起省级新闻媒体关注。《贵州日报》以“古州镇上的足球热”为题，报道了当时足球赛的盛况，并称“满城足球‘游击队’与19支‘正规军’争夺‘阵地’”。

21世纪初，榕江县足球运动蓬勃发展，乡村足球赛、周末足球赛等赛事频繁举办。特别是在榕江车江三宝侗寨，所有行政村都有自己的足球队，年纪最小的足球小将12岁，年纪最大的50多岁，足球赛是名副其实的“全民参与”。

榕江人对足球的热爱还可以从一个流传甚广的“简易足球场”的故事中窥见。2000年，一场突如其来的洪水导致榕江县大片珍贵的稻田不幸被毁。洪水退去后，上千村民自发将河床上凹凸的地方填平铲除，又从山上砍来树木做成简易球门，用竹子编成球来踢。这个简陋的球场，成为当地村民的足球狂欢地，也曾举办过几届小规模赛事，最热闹的一年有15支球队参赛。虽然在2005年时，足球场再次遭遇洪水冲击被毁，但是榕江人民乐观的精神和对足球的热爱却深深根植于血脉之中，一直延续至今。

此后，经过数十年的发展，足球在榕江县逐渐普及，形成了深厚的足球文化底蕴。2021年，榕江县入选首批全国县域足球典型，从某种角度上讲，这为“村超”的横空出世创造了条件。

与此同时，伴随而来的是，榕江县足球队伍不断壮大，并在不同赛事中崭露头角。根据榕江县政府网站2024年12月10日介绍，榕江县有国家一级足球运动员20人，国家二级足球运动员147人，在榕江足协注册球队达35支，球员1200余人。据不完全统计，自

2012 年以来榕江校园足球队在各类省、州官方赛事共获得冠军 20 次、亚军 16 次、季军 13 次。

可以说，足球文化传统是“村超”诞生的根本前提，也是“村超”保持持久生命力的基石。

二、发展历程

“村超”的诞生并非偶然，而是榕江人民经过不断摸索才闯出来的“新路径”。在“村超”诞生之前，榕江县曾进行了“5+1”次融合创新尝试，最终才推出了贵州“村超”。

2021 年 12 月，榕江县尝试策划“斗牛 + 侗年”民族文化活动，但最终因斗牛活动安全风险大，赛事传播有限而以失败告终。同月，榕江县又策划“大山里的 CBA”篮球赛事。这是榕江县在打造体育赛事方面的首次尝试，虽然吸引了周边县市的 16 支篮球代表队参赛，但由于没有把篮球赛和当地少数民族文化有机结合起来，最终仍未能成功。

2022 年 12 月，榕江县选择更换赛道，借苗族每 13 年才举行一次的祭祖盛典——苗族鼓藏节推出传统非遗文化活动。此次活动完全遵从传统仪式进行，从中可以窥见苗族的生产、生活、习俗等风貌，也因此，此次尝试小有成就，活动视频连续三天在抖音爆火出圈。但可惜的是，举办活动的摆贝苗寨未能很好地接住流量，同时也因缺少基础设施和相关服务，此次活动同样昙花一现。显然，纯粹的传统非遗文化依然难以保持持久的生命活力。这也让榕江人意识到，要做出具有影响力的城市 IP（知识产权），只能在基础设施相对较好的县城里发展。

2023 年 3 月，榕江人选择在县城里举办“侗族萨玛节 + 马拉松比赛”活动，邀请清华大学 800 余名校友参加。在此次活动中，侗族千年文化传承底蕴展现得淋漓尽致，民族文化与竞技体育得以在一定程度上融合，由此吸引众多人员参加，在提高榕江县知名度的同时，还为活动举办地三宝侗寨带来大量游客。这次看似成功的尝试，却因活动举办的时间性，没有形成可持续的经济效应，仍是一时热闹。

之后，也是在 2023 年 3 月，榕江县受台江县篮球赛事启发，再次举办乡村篮球交流赛。然而，由于和台江县篮球赛存在同质化竞争，最终榕江县放弃此次尝试，未能出圈。

博观而约取，厚积而薄发。基于多次失败尝试，榕江县积极总结经验，在依据自身资源禀赋的基础上，最终将受众广的足球运动和丰富多彩的民族文化有机结合起来，推出全民参与、全民受益的贵州“村超”，并迅速走红。

2023 年 1 月 24 日，榕江车江三宝侗寨乡村足球超级联赛开赛。车江三宝侗寨有 8 支乡村足球队参赛。经过激烈角逐，最终月寨村足球队以 4 ∶ 1 战胜英堂足球队获得冠军。尽管此次赛事已经具备了诸多“村超”特征，但其赛事规模、组织架构以及社会影响力等核心方面仍然未达到后来人们所熟知的“村超”的标准，网友也并未将其正式命名为“村超”。因此可以说，这次活动更多的是作为“村超”前身的一次探索性尝试和预热，为后续“村超”的正式举办奠定了坚实的基础。也正因如此，尽管这一赛事引发了热烈的反响，但它并未被认定为贵州“村超”的首届赛事。

打铁要趁热，榕江县也很好地接住了这一波热度。不久后，在榕江县政府和当地群众的共同努力下，2023 年 5 月 13 日，榕江（三宝侗寨）和美乡村足球超级联赛在城北新区体育馆正式开幕。

这次联赛由群众自发组织，以参与榕江（三宝侗寨）和美乡村足球超级联赛的车江 8 个村代表队为基础，邀请各乡镇（街道）以村（社区）为单位组织参加，共有参赛球队 20 支。比赛采取小组循环及淘汰赛制，赛事一直持续开展到 2023 年 8 月。

整个赛事期间，参赛球队为观众奉献了 98 场精彩绝伦、激情四射的对决，吸引了上百万人次到场观战，更有超 5000 万网友在线围观，全网流量突破 300 亿次。“村超”无疑成为焦点！

榕江人民抢抓机遇，放大格局，逐步实现从“榕江人自己玩”到“吸引全国人民一起玩”，再到“吸引全世界人民一起玩”的转变。

2024 年 3 月 16 日，榕江县足球协会在贵州省黔东南苗族侗族自治州榕江县精心筹备了第二届贵州“村超”。在赛事筹备期间，贵州“村超”积极与各地足球协会、俱乐部及球迷组织沟通合作，邀请他们组队参赛或前来观赛。香港警察足球队也来到榕江县，与“村超”球队切磋球艺。

此外，贵州“村超”还通过举办足球嘉年华，吸引五湖四海的足球爱好者前来参与，无论是专业球员还是业余爱好者，都能在这片绿茵场上找到属于自己的舞台，共同享受足球带来的无尽欢乐与无限激情。贵州“村超”以足球为媒，以乡村为舞台，诚邀全国人民共襄盛举，一起在这片活力四射、生机盎然的乡土上，书写属于乡村足球的传奇篇章。

相较于2023年，2024年的“村超”更加国际化。“村超”爆火之后，以开放的姿态，向世界人民发出邀请，将中国乡村足球文化推向世界舞台。

2024年10月1日，第一届贵州“村超”“一带一路”国际友谊赛暨贵州——粤港澳大湾区“村超”足球友谊赛在贵州榕江正式开赛。参赛球队来自海内外，有驻华外交官足球队、巴西足球队（巴西圣保罗高桥青训足球俱乐部）等。“村超”不仅为榕江人提供了展现自我的舞台，还为中国众多的足球爱好者提供了国际交流的平台。

“村超”从独属于榕江人民的足球大狂欢，已经变成了全世界人民的“足球狂欢派对”。它不仅展现了榕江人民的体育魅力和对体育的热爱，还将中国乡村富有活力的风貌呈现给世界，促进了文化交流与融合，极大提升了中国乡村足球在国际舞台上的影响力。

三、足球生态

在广袤的中华大地上，足球以其独特的魅力，跨越了地域、年龄、职业的界限，成为无数人心中共同的热爱。而当这份热爱与乡村的纯粹相结合，便孕育出了“村超”这一独特的足球文化现象。“村超”不仅是一场场激烈的球赛，更是对足球纯粹热爱的集中展现，是体育精神在乡村沃土上的生动实践。

“村超”，是乡村足球的缩影，也是当地人民热爱足球的铁证。在偏远的山村里，没有华丽的球场，没有专业的装备，甚至没有专门的观众席，但村民们用简陋的设施，踢出了最真挚的足球情怀。人们自天南海北奔赴而来，只为那一脚传球、一次射门、一场胜利。这种热爱，是足球最本质的力量，它超越了物质条件的限制，让足球在乡村的土地上生根发芽，茁壮成长。

“村超”的魅力，在于它的纯粹。在这里，足球没有被金钱、名利所染指，没有被商业化的泡沫所笼罩。球员们踢球，不是为了薪水，不是为了名声，而是为了获得胜利；观众看球，也不是为了追星，不是为了炫耀，而是为了享受足球带来的快乐和激情。这种纯粹，让“村超”成为一片足球的净土，让足球回归了它的本真，也让我们看到了中国足球生态中最原始、最质朴的一面。

从贵州“村超”到中国足球，从偏远乡村到大美中国，热爱是连接彼此的桥梁。足球之所以能成为体育爱好者的共同语言，正是缘于大家对足球共同的热爱。在中国，有无数热爱足球的人在为之付出、为之努力。这份热爱，是中国足球发展的基石，也是中国足球生态中最为宝贵的财富。

在中国足球的发展历程中，我们经历了无数的起伏和波折，但无论何时何地，那份对足球的纯粹热爱始终是我们前进的动力和源泉。这份热爱，让中国足球在困境中坚持下来，在挑战中不断前行。

纯粹热爱，让中国足球更加坚韧。在足球的世界里，胜利和失败是家常便饭，但纯粹热爱让中国足球在面对失败时更加坚韧不拔。我们不会因为一场比赛的失利而放弃，不会因为一时的挫折而气馁。相反，我们会用更加坚定的信念和更加顽强的毅力去迎接下一个挑战，去争取下一场胜利。

纯粹热爱，让中国足球更加纯粹。在商业化和利益化的冲击下，中国足球曾迷失方向，但纯粹热爱让我们重新审视自己，让我们回归足球的本质，让我们明白足球不仅仅是一项运动，更是一种精神、一种文化、一种传承。只有当我们真正热爱足球，才能真正守护住这份纯粹，才能让中国足球更加健康、更有活力。

纯粹热爱，也让整个中国体育焕发出勃勃生机。体育的普及和发展需要广大人民群众的参与和支持，而纯粹热爱正是吸引人们参与体育、支持体育的重要动力。在乡村，“村超”等基层体育赛事的兴起，让更多的孩子接触到了足球等体育项目，感受到了体育的魅力；在城市，体育文化的传播也让更多的人加入到了体育的行列中来。同时，体育教育的普及和校园体育的推广，为孩子们提供了更多接触和了解体育的机会，培养了新一代的体育爱好者，让中国体育的群众基础更加坚实。

展望未来，中国体育的发展仍然任重而道远，但只要我们坚守住对体育的初心，就一定能够走出一条属于自己的体育强路。“村超”正是怀抱着这样的雄心壮志，踏步走在发展中国足球和中国体育的大路上。

第二节
“村超”到底有多热

一、赛事参与热

“村超”本质上是一场全民参与“找乐子”的活动，不仅吸引着当地人的积极参与，也吸引了全国乃至世界各地的足球爱好者前来参赛。

从参赛队伍和球员构成来看，贵州“村超”的参与广度令人瞩目。赛事吸引了来自榕江各地的 20 支队伍参与角逐，这些队伍的成员并非专业球员，而是以村民为主，他们来自各行各业，有商贩、挖掘机驾驶员、零工，也有老师、公务员等，年龄从 15 岁到 40 岁不等。虽然参赛球员并非职业选手，但赛事依然异彩纷呈，场上不乏一个又一个“世界波”“鱼跃冲顶”“彩虹过人”“圆月弯刀”“蝎子摆尾”“倒挂金钩”等足球“绝活”。

“村超”赛场上除了这些非专业的足球爱好者外，也有许多国内外知名的专业足球运动员参与。广东足球 70 年十大杰出男球员之一的前中国国家男子足球队队长池明华，就曾作为嘉宾和教练参与“村超”，为赛事注入了专业元素。原贵州恒丰智诚足球队队长、广州富力足球队队员范云龙也积极参与其中，与村民们共同享受足球带来的快乐。曾效力于 AC 米兰、皇家马德里等足球俱乐部的著名巴西运动员里卡多·伊泽克松·多斯·桑托斯·莱特（Ricardo Izecson dos Santos Leite，下文称卡卡），作为特邀嘉宾亲临现场，与村民们一起踢球、交流，为赛事增添了浓厚的国际氛围。曾赢得英超联赛、足总杯、欧洲冠军联赛等多项荣誉的英国著名足球运动员迈克尔·欧文，通过视频等方式为“村超”送上祝福，表达了对赛事的关注和支持。

村民的积极参与使“村超”始终保持草根足球的快乐底色，而“村超”赛场上的这些国内外知名专业足球运动员的参与，则为赛事增添了更多的看点和精彩瞬间。他们的到来不仅提升了赛事的水平，更为村民们带来了与职业球员共同踢球、交流的宝贵机会。

二、赛场氛围热

场上运动员激情拼搏，场外观众热情高涨。观众手持锅碗瓢盆，用最质朴的方式为球员呐喊助威，欢呼声、掌声此起彼伏，整个赛场热闹非凡。此外，村民们还带着黄牛、香猪、小香鸡等农产品与球员们一同入场，以这些农产品为奖品，表达对“村超”的支持。

在“村超”赛事的热烈氛围中，还涌现出了许多感人至深的瞬间。比如，89 岁的苗族寨老怀揣着鼓藏节庄重神圣的仪式感来助力“村超”；曾于 1972 年榕江县代表黔东南州出征，现如今已是满头白发的“榕江少年”从各地汇聚于此；更有身着民族盛装的村民“啦啦队”载歌载舞为球员加油助威。值得一提的是，其中还有不少年近百岁的老人，也亲临球场见证比赛盛况，给球队买水助力，甚至自掏腰包对“村超”全力支持。这些场景不仅展现了贵州乡村的热情淳朴和团结互助的精神风貌，也让人们感受到了足球运动所带来的快乐和幸福。

每一场“村超”赛事，场内外的榕江人都展现出了极高的参与热情，将每一场赛事氛围都推至沸点，人人享受其中，“村超”的热度也不断攀升。每逢比赛前夜，榕江县三宝侗寨的球场周围总是人山人海，每场比赛都能吸引近 5 万人到场观看，这对于一项乡村体育赛事而言，无疑是一个惊人的数字。足球解说“名嘴”韩乔生为了更全面地评述比赛，甚至需要爬上梯子才能完成对比赛的评述。

他满怀激情地表示，“村超”成为新的焦点。在现场解说结束后，他感叹道：“这是深深扎根于土壤的足球狂欢节！”

2023 年国庆节期间，“村超”现场设置了众多供游客“打卡”、体验的项目。游客在现场除了能够欣赏到榕江县独具特色的侗族大歌、富有苗族风情的芦笙舞等，感受贵州非物质文化遗产的魅力，还可以加入全民 K 歌与“蹦村迪”环节，跟随音乐放声歌唱、尽情舞蹈，享受足球运动带来的快乐。

据贵州省人民政府网站信息，2023 年国庆期间，全网超过 6 亿人次在线观看村超直播。全平台综合浏览量突破 350 亿次。这种空前的关注度，不仅让贵州“村超”一跃成为全国瞩目的“热搜”话题，更吸引了全国各地的球迷前来观赛。

这场以村民为参赛主体的足球赛事，向外界充分展现了乡村足球的独特魅力和无限潜力，同时也为推动乡村文化振兴和体育事业发展注入了新活力，做出了积极贡献。

三、媒体报道热

自 2023 年 5 月 13 日贵州“村超”赛事启动以来，不仅吸引了来自五湖四海、各行各业的球员踊跃参赛，无数现场观众热情参与，还在媒体报道中掀起了一股前所未有的足球赛事报道热潮。

这场赛事以其独特的魅力、浓厚的乡土气息以及丰富的民族文化内涵，迅速成为各大媒体争相报道的焦点，依据多方相关报道及权威媒体发布的信息，有近600条稿件来自国家级主流官媒报刊，其中包括央视新闻、新华社、人民日报、人民网等。其报道热度之高，令人叹为观止，也充分显示了“村超”在全国范围内的广泛影响力。

国家体育总局对贵州榕江“和美乡村足球超级联赛开幕”给予了高度肯定；央视（中央电视台，简称央视）新闻联播也对此赞誉有加：黔东南“村BA”（全国和美乡村篮球大赛）很出彩，“村FA”不断上新；《光明日报》称赞：继“村BA”后，这里的“村超”再出圈；《人民网》贵州频道点赞：“村BA”刚落幕，“村FA”就来上分啦；掌上黔东南公众号同样给予了高度评价：“村BA”火之后，“村FA”再上分。“村超”迅速得到国家各级媒体的广泛关注与争相报道。央广网、人民日报等媒体纷纷通过直播、短视频等多元化形式，对贵州“村超”的比赛进行了实时播报。这些报道不仅让观众能够身临其境地感受比赛的激烈程度，还通过镜头展现了榕江县的自然风光和民族文化，让观众既能享受比赛的乐趣，也能领略贵州别样的风土人情。

此后，从赛事筹备到比赛过程，再到赛后反响，贵州“村超”的每一步都牵动着媒体的目光。在赛事筹备阶段，各大媒体就纷纷开始对贵州“村超”进行预热报道，详细介绍赛事背景、参赛队伍以及赛事亮点，为即将到来的足球盛宴营造了浓厚的氛围。随着比赛拉开帷幕，媒体的报道热情更是达到了高潮。央广网、《人民日报》、《贵州日报》等主流媒体纷纷派出记者深入榕江县，对赛事进行了全程跟踪报道，通过生动的文字、精美的图片、动态视频等多种形式，将贵州“村超”的激烈赛况和热烈氛围展现得淋漓尽致。

值得一提的是，贵州“村超”还吸引了国际媒体的关注，接受了包括 BBC 英国广播公司、西班牙国家通讯社、新加坡海峡时报、联合早报，日本共同通信社、东京广播电视台、读卖新闻，沙特电视台，巴西劳动电视台等 26 家国际媒体来到“村超”现场进行宣传报道，助推“村超”赛事走出国门。许多外国博主也来到“村超”现场，以自媒体方式记录“村超”。2023 年，海外平台 Twitter 和 YouTube 上“村超”相关推文近 500 篇，总浏览量超百万次。

而后，贵州“村超”话题的热度持续攀升，“村超”话题综合浏览量突破 850 亿次。它也凭借卓越的影响力，入选“2023 中国旅游产业影响力案例”、“首批群众‘三大球’精品赛事案例”和“2023 年中国公共关系优秀案例”、“2023 年度对外传播十大优秀案例”第一位，上榜 2023 年中国十大流行语、2023 年度“十大新词语”和乡村振兴十大新闻，更是在金狐奖 2024 暑期最受欢迎县域评选中跻身前 5。

从国内关注到国际瞩目，从文字报道到视频呈现，从赛事本身到背后故事，贵州“村超”的相关媒体报道全方位、多角度地展现了这场乡村足球赛事的独特魅力，让“村超”走进了更多人的视线，极大提升了其知名度和影响力，为贵州“村超”的持续发展注入了强大的动力。

第三节
“村超”带来了什么

“村超”赛事的火爆，不仅为榕江县带来了前所未有的关注热潮，还提升了榕江人民的生活质量，促进了经济收入的显著增长，使榕江县城市形象焕然一新，为当地的社会发展注入了蓬勃生机，带来了无限机遇。对此，榕江县委书记徐勃深有感触，他将“村超”给榕江带来的影响精炼准确地概括为“三超”：超幸福、超经济和超形象。

一、超幸福：激发群众热情，提升生活品质

榕江县委领导表示：“‘村超’让我们的村民之间更加团结、友爱、和谐，更具有凝聚力和活力。”“‘村超’通过足球真实地展现了群众幸福、快乐的笑脸，也在人民群众幸福的笑脸中找到了更多的方向。”

在“村超”赛事的筹备和举办过程中，榕江县的广大人民群众是不可或缺的组织者，也是赛事参与的主体。从裁判到球员，从啦

啦队队员到解说员，从场外到场内，任何一位村民都可以参与其中。每逢比赛日，榕江县的村民们都会聚集于此，共同观看这场足球比赛，为自己支持的球队加油助威。

在赛事期间，除了紧张刺激的足球比赛，还有一系列丰富多彩的文化活动，如民族绚丽多姿的歌舞表演、令人回味无穷的特色小吃品尝等。这些活动极大程度上丰富了群众的精神文化生活，促进了不同民族之间的交往、交流与交融，增强了村民的凝聚力和向心力。

为此，参与到“村超”中的人日益增多。从2023年第一届“村超”的20支球队700余人，发展到2024年第二届“村超”的62支球队1900余人。在2024年“村超”联赛正赛（3月16日～7月20日）期间，还有354支啦啦队参加巡游活动，一共30000余名群众表演了258个节目。

此外，“村超”赛事的热烈反响，促进了榕江县基础设施建设的完善和社会服务水平的提升。为了保障赛事的圆满成功，榕江县实实在在投入了大量资金用于场地建设、交通设施改善、安全防范保障等方面。根据榕江2024年6月5日发布的消息，榕江县已获得2024年度省级传统村落保护与发展的1500万元专项资金。这笔专项资金用于扶持4个村打造“村超”和传统村落融合发展示范点，并借此契机，打造出一条独具特色的旅游精品线路。这些举措不仅为赛事顺利举办奠定了坚实的基础，提供了有力保障，也为当地群众的生活带来了诸多便利。

全民参与的“村超”活动，不仅激发了全民健身的热情，增强了全民对健康的关注，也让人民群众在精神文化层面收获了极大的满足感，生活质量也迈上新台阶。“村超”无疑为榕江县人民带来了“超幸福”的生活。

二、超经济：拉动地方经济，提高居民收入

“村超”赛事宛如一股温暖的春风，复苏了榕江县的经济发展之树。赛事期间，大量游客纷至沓来，带动了当地餐饮、酒店、交通、文旅等行业的繁荣发展。更重要的是，“村超”赛事的成功举办，为榕江县的文化旅游业开辟了新的发展篇章，创造了新的发展机遇。通过赛事的宣传和推广，榕江县的知名度和美誉度迅速提升，众多游客慕名而来，不仅来看一场心心念念的“村超”球赛，还尽情领略当地的魅力风光。这一变化有力推动了当地文化旅游业的发展，同时为农业、手工业等产业的升级转型提供了千载难逢的契机。榕江县紧抓“村超”赛事的宝贵机遇，打造极具当地特色的农产品和文创产品，建立自己的特色产业品牌，通过线上线下相结合的营销方式，将当地的优质农产品和文创产品推向全国乃至世界市场，实现了产业的多元化和升级发展。

推出“村超”以来，截止到 2024 年 11 月，榕江县新增市场主体 5114 户，新增市场主体排全州第一，榕江县居民存款、贷款均为全州同等县市第一。2024 年 1 月至 9 月，金融机构人民币各项存款

余额 138.15 亿元，同比增长 11.8%，排黔东南苗族侗族自治州第 1 位。金融机构人民币各项贷款余额 199.36 亿元，同比增长 16.7%，排黔东南苗族侗族自治州第 1 位。

而游客们为“村超”的积极奔赴，也给榕江带来了旅游经济的增长。2023 年，榕江县累计接待游客人次 765.85 万，同比增长 52.16%，实现旅游综合收入 83.98 亿元，同比增长 73.94%，餐饮行业营业收入 12.27 亿元，床位数 5958 张，全县住宿行业入住率为 83.2%。2024 年（截至 10 月 7 日）全县累计接待游客 832.58 万人次，实现旅游综合收入 98.12 亿元，餐饮行业营业收入 12.24 亿元，床位数 10845 张，全县住宿行业入住率为 87.5%。榕江县也吸引了 3 万多人返乡创业，建民宿、办酒店、做餐饮、进行种植养殖等。

因为“村超”，榕江老百姓真的富起来了。

三、超形象：促进文化交流，展现中国乡村魅力

“村超”赛事的火爆，不仅为榕江县带来了经济效益，更在提升城市形象和品牌影响力方面发挥了重要作用。通过赛事的举办，榕江县成功将独具特色的足球文化和民族文化展现给了全国人民乃至全世界观众，塑造了一个充满活力、热情好客、文化底蕴深厚的城市形象。

一方面，“村超”依托贵州独特的少数民族文化，演绎了原汁原味、返璞归真的现象级足球嘉年华；另一方面，也让更多人了解

到了气候环境宜人、自然资源和人文资源富集的多彩贵州。

自“村超”火爆出圈以来，榕江县积极致力于构建“村超”国际人文交流平台，推动“村超”走向世界。为此，榕江县制定了“村超世界杯三步走”战略：2024 年已成功启动“一带一路”“村超”国际交流赛，计划于 2026 年举办“一带一路”“村超”友谊赛（村超小世界杯），并定于 2028 年隆重推出“村超”世界杯。借助这一国际人文交流平台，“村超”不仅跨越国界，成功举办了南非“村超”、贝宁“村超”、多哥“村超”等赛事，让外国朋友得以真切感受中国乡村的生动与多元，也让全球通过榕江这一窗口，看见中国乡村蓬勃的生命力与无限活力。

同时，榕江县村民们对于外来文化交流展现出了强大的文化自信。他们不盲目崇拜他者的文化成果，而是坚定地走在自己的文化道路上，用自己的方式讲述乡村故事，传递乡村声音。这种自信，是民族文化表达的重要基石，也是民族文化得以传承和发展的内在动力。“村超”作为贵州乡村体育赛事的一个亮点，不仅展现了乡村足球的活力与魅力，更从一个侧面折射出了民族文化自信的重要性以及民族文化的创新表达方式。通过加强对民族文化的传承与保护、推动民族文化的创新与发展、加强民族文化的国际交流与合作以及培养民族文化的自信心态等措施，我们可以构建更加坚实的民族文化自信体系。这种自信将为我们国家的发展提供强大的精神支撑和动力源泉，也将为世界文化的多样性与繁荣做出重要贡献。

由此可见，“村超”的诞生得益于榕江县深厚的本土足球文化底蕴，也依靠全体榕江人民的热情参与。“村超”火爆，让榕江县这个小小的足球摇篮走进了大众视野，同时也给榕江人民带来了经济的富庶和生活品质的提升，更为榕江县未来的发展奠定了坚实的基础。而“村超”能从小小的榕江县走向全国乃至全世界，也充分印证了中华民族和当代中国的包容开放和强大活力，反映了世界多元文明与优秀中华传统文化互相浸润、互相融合、交相辉映的魅力。

贵州“村超”无疑是立体、全面展示中国乡村活力，讲好中国乡村故事的经典范例。

第二章

贵州“村超”何以出圈

一个现象级事件的诞生，往往是天时、地利、人和的完美交融。贵州“村超”的诞生，正是这一规律的生动体现。“村超”的兴起看似恰逢其时，其实远非单一因素所能支撑起来，其背后是多方面因素综合作用的结果。

榕江县深厚的足球文化底蕴以及榕江人对足球最原始、最纯粹的热爱和对生活的激情，都成了点燃乡村体育赛事火种的关键。贵州“村超”，这一深深根植于乡土、秉持“快乐足球”理念的乡村体育赛事，凭借其独特的魅力，日益发展壮大，吸引了众多的参与者和关注者的目光。“村超”的火爆不仅让榕江县成功走进公众视野，向世界展示了中国乡村的蓬勃活力，也为榕江带来了显著的经济效益，极大地提升了当地民众的生活品质。

那么，“村超”究竟是如何突破地域限制，形成如此广泛的影响力的呢？它的成功又给其他具有特殊资源地区的发展带来了哪些宝贵的借鉴意义？更重要的是，我们如何从“村超”的出圈路径中汲取智慧，为乡村振兴提供新的思路和方向？这是探索“村超”现象背后深层次意义的重要逻辑。

第一节
“快乐足球”底色，铸就“村超”强大感染力

贵州“村超”的爆火绝非一蹴而就，它背后所依托的是榕江县源远流长且根深叶茂的足球文化。这片土地长久以来都滋养着人们对足球的无限热爱与执着追求，从孩童在街头巷尾以石子为球的游戏，到大人们在田间地头的简易足球比赛，足球早已融入了榕江人民的生活日常，成为他们休闲娱乐、强身健体的首选活动。这份积淀深厚的足球文化底蕴，为“村超”的诞生和发展提供了最为坚实的文化支撑和源源不断的活力。

一、赛事的草根性质与全民参与

“村超”的独特魅力首先在于其具有深厚的草根性。“村超”赛事是由群众自发组织、决定、实施的，具有广泛的群众基础。在赛事中，榕江县政府充分尊重村民，这种尊重基层的首创精神使得赛事保留了基层群众的原汁原味。

与众多主流足球赛事不同，早期“村超”既没有高科技转播设备，也没有明星职业球员的光环加持，更没有专业的赛事主办方团队组织，“村超”赛事一律由当地居民自主创办。在赛事筹备阶段，

村民们自发成立组委会，分工明确，各司其职，从场地布置、赛事规则制定到安全保障措施的落实，无不体现出群众的自主性和组织能力。大家不仅作为观众，更作为参与者，亲身投入每一个环节中，共同为“村超”的成功举办贡献自己的力量。赛事期间，这里的每场比赛都是人山人海，几乎每个人都沉浸其中。这种没有商业赞助、没有高额奖金的纯粹足球精神，让“村超”充满了浓厚的草根气息。

在“村超”的赛场上，参赛队伍多以村为单位，参赛球员来自各行各业，包括农民、村干部、学生、教师等各行各业的人士，也有当地普通农民和工匠，他们白天辛勤劳作，晚上则化身球场上的球员，驰骋在绿茵场上。大家因对足球的热爱而聚集在一起，共同为村队的荣誉而战。在这里，比赛的目的不再是单纯的输赢，球员的球技是否精湛也不再成为关键，所有人只享受足球运动带来的最纯粹、最质朴的快乐。值得一提的是，2024 年“村超”赛季的报名球队数量由 2023 年的 20 支增加到了 62 支，几乎涵盖了榕江所有的乡镇村庄。

伴随着“村超”走红，众多其他地方的球队或专业球员前来踊跃参与，但“村超”依然始终保持“快乐足球”的底色。纯粹的热爱是最好的感染力，来自巴西圣保罗的球员深受“村超”氛围感染，在榕江住了一个月都不愿意离开。

“村超”作为一场别开生面的乡村体育赛事，比赛奖品更是别具一格。早年间，“村超”还是以榕江人民自己参与为主，偶尔也会有周边的村镇前来比赛，这一时期的冠军队奖品通常以当地农产品为主，是一头猪或是一头黄牛。值得一提的是，“村超”的奖品并非专属于赛场上拼搏的球员。有媒体曾报道，在“村超”赛场的观众席上，曾有三位奶奶因看球太投入，荣获“最佳观众奖”，每人获赠一袋大米，这份贴心的奖励让人倍感温馨。

“村超”声名远扬后，五湖四海的球队纷至沓来，为此，奖品在设计上也随之焕然一新。从原先的本地农产品升级为富含当地民族特色的手工艺品。例如，当地知名匠人精心为冠军队伍手工打造了铜质奖杯，奖杯上镌刻着比赛年份与“村超之星”字样，周围环绕着象征丰收与希望的麦穗图案，寓意着团队在赛场上的辛勤耕耘与最终的辉煌收获。此外，亚军和季军奖品同样精美绝伦，分别是精美的竹编奖盘和手工编织的彩绸旗帜。每一份奖品都独具匠心，让每一位获奖者都能感受到来自这片土地的深厚情感。

这样全民参与、全民投入、全民珍视的赛事氛围不仅让赛事更具人性化色彩，也让每一位参与者都深切体会到乡村的文化振兴与发展，发自内心地对自己的乡村有了强烈的文化认同感与归属感。成都理工大学体育学院赛事总管、国家级（足球）裁判员李晓华对此不禁有感而发：“我非常赞同村超这种体育模式。这才是真正的群众体育，全民健身活动。”她认为，这种全民参与的轻竞技体育活动，如同一股强劲的力量，极大推动了文化、音乐、旅游等产业蓬勃发展，既积极响应了国家乡村振兴、文化振兴的号召，又促进了全民健身的进步，更使精神文明建设方面得到了显著的提升。体育运动的本质，原本就应该是最简单纯粹的快乐！

“村超”不仅彰显了榕江人民对足球那份最本真、最赤诚的热爱，更将他们对生活的无限热情与激情传递给了每一个人。这种源自心底的快乐与热爱，正是“村超”得以迅速走红并持续吸引关注的核心所在，而这种浓厚的文化氛围和全民参与的热情，也使“村超”成为一个极具感染力和魅力的品牌。

二、强大的后勤保障和少量资本介入

“人和”是政府支持和群众参与。政府主要扮演保障和服务角色，同时尽量减少资本的过度介入，这是“村超”始终保持赛事的草根性、群众性和文化特色的关键所在。

首先，贵州“村超”的风靡并非偶然，而是得益于其深厚的群众基础和独特的文化魅力。榕江“村超”始终坚持以人民为中心，践行人民主体、人民主创、人民主推、人民主接的理念。“村超”赛事从策划到执行，从赛程规划到节目编排，皆由榕江民众自发组织、自行决定、自行实施。球场开放无阻，门票免费，球场修缮、赛事组织、奖励奖品等事宜均由村民民主决策。球员、裁判皆出自本土，保证了乡村赛事的原汁原味。政府在这一过程中，主要提供必要的保障和服务，如场地维护、安全保障、交通疏导等，负责确保赛事顺利进行。面对外来游客，政府部门则是尽力做好“宠”字文章：全力以赴“宠”球迷游客、“宠”老百姓、“宠”小摊小贩和“宠”市场主体，推动“村超”的进一步发展。高铁站志愿者的免费接送，球场内的赠品不断，让每一位来访者都感受到了“村超”的温暖。

其次，“村超”在发展过程中控制资本介入，在一定程度上保护了“村超”的草根底色。尽管资本的介入可以为赛事带来更多的资金、技术和资源支持，但也可能导致赛事的商业化、功利化，从而使其失去原有的群众性和文化特色。贵州“村超”在发展过程中，始终坚持以人为本的原则，注重赛事的群众性、持续性和带动性，未盲目追求资本介入与短期利益。这种坚守使得“村超”得以保持其纯粹的草根足球底色，成为广大乡村群众喜爱的体育赛事。

同时，政府制定相关政策和措施。一方面，党和国家高度重视文化认同和民族团结，“村超”赛事中的民族文化展示和民族团结精神，符合国家政策导向和社会主流价值观。另一方面，“村超”的火爆兴起，恰逢国家推动乡村振兴和体育产业发展的关键时期。这一时期，国家层面对于乡村振兴和体育产业的重视程度达到了前所未有的高度，一系列旨在促进乡村全面振兴、推动体育产业创新发展的政策措施相继出台，政策上的支持和引导为“村超”的诞生提供了良好的外部环境。

政府积极引导和鼓励社会资本以合适的方式参与“村超”的发展。例如，设立由政府出资引导、社会资本参与的体育产业投资基金，支持体育设施的建设运营，使足球场地从最初的简陋设施升级为标准化的绿茵球场；推动“村超”周边地区申报国家、省级体育旅游示范基地等，完善升级景区基础设施，使交通设施从崎岖不平的山路转变为四通八达的高速公路网，住宿餐饮等配套设施也从简陋的农家乐发展成为设施齐全、服务优质的旅游度假村，推动体旅融合发展。这些措施既为“村超”的发展提供了必要的资金支持，又避免了资本的过度介入和赛事的商业化倾向。

“村超”之所以能够脱颖而出，离不开政府在各方面的全力保障与服务。正是由于政府隐身幕后，也没有资本去主导比赛，才使得比赛保持了纯粹的魅力，群众成为欢乐主体。“村超”因资本介入少而保持的草根足球底色，是其成功与持续发展的关键所在。政府在这一过程中主要扮演了保障和服务角色，通过制定相关政策和措施，积极引导和鼓励社会资本以合适的方式参与赛事的发展，同时注重保护赛事的群众性和文化特色。这种发展模式不仅使得“村超”成为一项深受群众喜爱的体育赛事，还为当地经济的发展和文化的传承做出了积极贡献。

三、国际化交流，传播“快乐足球”理念

自“村超”在全国范围掀起热潮以来，这项源自乡土、充满草根魅力的足球赛事不仅点燃了国内民众对足球的热情，还意外地建立了国际化交流舞台。“村超”凭借其独特的赛制、浓厚的乡土文化氛围，以及球员们对足球纯粹的热爱，吸引了世界各地的目光，成为中国乡村足球的一张亮丽名片。

自赛事启幕以来，“村超”便以其独特的魅力和浓厚的乡土底蕴，赢得了世界的瞩目。2023 年 9 月，“村超”与英超携手签署战

略合作协议，标志着其国际化战略迈出了坚实的一步。随后，法国人民援助会队、非洲利比里亚社联足球队等国外球队纷纷来到贵州榕江县进行比赛，世界足球先生卡卡、卡瓦纳罗等足球名宿也相继到访，通过开展公益活动，进一步提升了“村超”的国际影响力。

2024年，“村超”继续深耕国际化道路。9月至10月间，在榕江县成功举办了“一带一路”国际友谊赛暨粤港澳大湾区友谊赛，以十一人制足球友谊赛为核心，参照国际足联标准比赛规则，吸引了众多国内外球队踊跃报名。此外，“村超”还计划在未来几年内举办规格更高、水平更优的国际赛事，包括2026年的“一带一路”“村超”友谊赛和2028年的首届“村超”世界杯，致力于将“村超”打造成全世界人民都钟爱的业余足球品牌，为世界各国提供足球及文化相互交往、交流、交融的平台。

这种国际交流互动，不仅让“村超”得以走向世界舞台，也让更多人看到了中国基层足球的实力和潜力。当然，尽管国际交流的广度和深度日益拓展，但“村超”始终坚守“快乐足球”底色，传递“快乐足球”理念。而“村超”所倡导的“快乐足球”理念在国际上也得到了广泛认可和赞誉。许多外国友人表示，他们被这里纯粹的足球精神和村民们的热情深深打动，感受到了足球带来的真正快乐。

“村超”始终坚持群众主导、全民参与的原则，确保了赛事的草根本色从未改变，这是“村超”形成“快乐足球”这一显著特点的重要因素。足球本就根植于民间土壤，而足球的希望也同样寄托在民间天地里。

“村超”在走向世界的道路上始终保持着初心和本色，成功保持了“快乐足球”的底色。这种底色让“村超”感染更多的人，得到了全世界球迷的喜爱，还让“村超”蜕变为一个备受瞩目的足球赛事品牌，为中国足球的发展注入了新的活力和希望。

第二节
创新“足球＋民俗文化活动”，增强“村超”吸引力

贵州“村超”并非一场场普通的足球赛事，其对象也不再局限于足球爱好者，它的出圈被赋予了更深层次的意义和价值。我国作为社会主义国家，倡导各民族发展应遵循平等、团结、互助、和谐的核心理念，贵州“村超”恰如其分地提供了这样的价值引领，因此，其注定会在现代社会中具有强大的活力和影响力。

反而观之，这种对中国特色社会主义民族核心价值观的凸显也通过“村超”活动进一步深入人心，成为推动中华民族共同体意识发展前进的新兴动力。

一、足球与民俗文化的深度融合

文化自信是民族复兴的精神支撑。在全球化的浪潮中，文化的交流与融合成为一种不可逆转的趋势。各种文化在相互碰撞、相互

借鉴中，共同塑造着世界的文化格局。然而，在这样的背景下，如何保持和弘扬本民族的文化特色，如何以自信的姿态展现民族文化的魅力，如何与世界文化进行建设性对话，成了值得深思的问题，也是我们面临的重要挑战。

“村超”是在多民族文化熏陶下成长起来的，榕江县政府利用“村超”赛事与民族文化融合，大方自信地向世界展示中华民族的优秀传统文化，为我们提供了一个探讨民族文化表达与自信的绝佳视角。

榕江县是一个多民族聚居的地区，有侗、苗、汉、水、瑶、布依、壮、土家等 28 个民族，其中少数民族占全县总人口的 80% 以上。这种多民族的聚居，使得榕江县的民族文化呈现出丰富多彩、交融共生的特点。

这片土地，曾是古代苗族、侗族等少数民族的繁衍生息之地，留下了许多珍贵的历史遗迹和文化遗产。古州厅、高筑的土城、显赫的古州镇，见证着贵州四大军事重镇之一的辉煌历史。此外，榕江县还保存着许多传统的民居建筑，如侗族巍峨耸立的鼓楼、苗族依山傍水的吊脚楼等，以及丰富多彩的民俗活动。这些建筑和民俗活动都承载着榕江县各民族的历史记忆，传承着民族文化。在漫长的历史发展中，各民族相互交融、相互借鉴，共同绘就了榕江县民族文化的绚丽画卷。

在“村超”赛事的举办中，榕江人也巧妙地将足球和当地特色民俗文化进行多元结合，民俗文化表演成为“村超”赛场上一道亮丽的风景线，为观众呈现了一场场别开生面的文化盛宴。比赛间隙，村民们便自发组织起各式各样的民族歌舞表演，为观众带来了众多别开生面的视听享受。这些表演不仅丰富了赛事的内涵，更提升了足球比赛的观赏性和吸引力，让观众在欢乐和激情中领略到了贵州民族文化的多姿多彩和无穷魅力。

侗族大歌，是侗族文化的重要瑰宝，以其独特的多声部合唱形式而闻名遐迩。在“村超”赛事中，侗族村民自发组成的侗族大歌队，经常在比赛间隙用他们悠扬的歌声为观众带来精彩的传统合唱。苗族芦笙舞是苗族人民喜闻乐见的一种传统舞蹈，以芦笙为伴奏乐器，舞蹈动作欢快而富有韵律。在“村超”赛场上，苗族妇女身着独具特色的传统服饰，手持芦笙，随着欢快的音乐翩翩起舞。这种表演让观众在欣赏舞蹈的同时，也感受到了苗族文化的独特韵味。

除了侗族大歌和苗族芦笙舞外，贵州“村超”还特邀了多位非物质文化遗产传承人进行现场表演。独山花灯绚丽多彩、醒狮舞龙威武雄壮……这些节目在球赛中场环节轮番上演，为观众带来了视觉和听觉的双重享受。这些非遗展演不仅展示了贵州丰富的非物质文化遗产资源，也促进了传统文化的传承与发展，更极大增强了“村超”比赛的观赏性。

丰富多彩的文化活动，自然也吸引了许多“非足球爱好者”前来“村超”现场打卡留念，只为一睹传统民俗文化的风采。

“村超”赛场的每一个角落都融合了民俗元素，洋溢着民俗的韵味，从赛场入口的装饰到观众席的布置，再到比赛场地的周围设置，无一不融入了各种绚丽的传统服饰、神秘的民族图腾等民俗元素。在赛场周围和观众席上，丰富多样的民族图腾装饰琳琅满目。这些图腾以不同的形式呈现，如壁画、挂饰等，不仅点缀了赛场环境，也传递了丰富的文化信息。这些充满民族特色的赛场布置让赛场看起来更具个性特色，也让观众在观赛的过程中沉浸式感受到了浓郁的地方风情。

此外，“村超”还设计了一系列互动环节，引领观众亲身体验民俗文化的魅力。在赛事间隙，观众可以加入到侗族大歌的合唱中，在激情高昂的民族旋律中感受民族音乐的魅力；也可以到周边的侗族村寨中，亲手体验侗布的制作过程，探寻侗族的传统手工艺的奥秘。这些互动环节不仅加深了观众对贵州民俗文化的了解，更为游客带来一种独一无二且意义非凡的文化体验感。

以 2024 年龙年“村超村晚”为例，这场活动既为观众呈现了一场激烈的足球对决，还上演了丰富多彩的民族艺术展演。此外，观众在感受紧张刺激的球赛的同时，还可以品尝到地道的贵州佳肴，选购到具有地方特色的手工艺品。这种全方位的互动体验，让观众在享受足球比赛带来的激情和快乐的同时，也领略到了贵州民俗文化的独到之处。

“村超”在展示民族文化方面的表现无疑是出色的。它通过对传统文化的挖掘与现代体育精神的融合，为我们提供了一个成功的范例。这证明了文化自信不仅是对传统文化的坚守，更是在继承基础上的创新与发展。

“村超”作为贵州乡村体育赛事的一个创新之举，将足球与民俗文化深度、巧妙融合，不仅展现了乡村足球的蓬勃生机，为观众献上了丰富的观赏体验，也促进了传统文化的传承与创新，成了乡村文化自信的一种生动表达，这源于村民们对自己文化的深刻认同和自豪感。通过将民俗文化表演融入赛事以及用民俗元素装点赛场等方式，贵州“村超”成功打造了一场具有浓郁地方特色的“足球运动 + 民俗文化”盛宴。足球与民俗文化碰撞出的绚烂火花，提升了“村超”赛事对足球爱好者和文化旅游爱好者的吸引力和影响力，也为贵州的文化旅游产业发展找寻到了新的机遇和道路，注入了新的活力。

二、文化衍生品，丰富“村超”品牌内涵

榕江人民将足球与本土民俗文化深度融合，使“村超”极具观赏性和吸引力。他们还进一步开发了一系列文化衍生品，极大地拓展了“村超”品牌内涵的深度和广度。

这些“村超”文化衍生品涵盖了服饰、饰品、食品、纪念品等多个领域，每一件产品都将贵州独特的民族文化和“村超”赛事元素巧妙融合，既具有实用性，又富有文化底蕴。

在服饰类的文创产品中，T 恤、帽子、围巾等都独具匠心，将侗族、苗族等少数民族的传统图案和色彩，以及“村超”赛事的logo（标志）和口号结合起来，相衬相映，既展现了贵州的民族风

情，又凸显了赛事的独特魅力。饰品类则涵盖了银饰、刺绣挂件等，这些饰品不仅工艺精湛，而且融入了贵州少数民族的传统技艺和图案，同时，它们也象征着“村超”赛事的精神内核。食品类衍生品非当地特色的腌鱼、糯米饭、杨梅酒等莫属，这些食品不仅美味可口，而且承载着贵州乡村的记忆和味道。通过“村超”平台，这些食品得以走出大山，走向全国，让更多人体会到贵州的美食文化。纪念品有足球模型、赛事纪念册、文化衫等，这些纪念品不仅记录了“村超”赛事的精彩瞬间，也承载了贵州乡村的文化和历史。它们成为连接赛事与观众、游客的纽带，让更多人了解和关注贵州的乡村文化和足球事业。

值得一提的是，“村超”的火爆也带动了榕江县夜间经济的蓬勃发展。榕江县精心规划了一系列美食街区，精准对接了赛事观众的美食需求，还有效地带动了当地经济的蓬勃增长。为了进一步提高游客吸引力，榕江县创新性地推出了“夜游榕江”活动，积极倡导商家以流动摊位、后备箱集市等新颖形式融入夜间经济集聚街区。这些富有创意的举措不仅极大地丰富了游客的夜间休闲体验，同时也为当地民众创造了更多的就业机会，实现了经济效益与社会效益的双重提升。

通过文化衍生品的开发和销售，“村超”品牌得以在全国范围内迅速传播，吸引了更多人的关注和参与。这些衍生品不仅成为赛事的延伸和补充，也成为“村超”品牌不可或缺的组成部分，提升了品牌的知名度和美誉度。每一件文化衍生品都蕴含了贵州独特的民族文化元素，让更多的人通过它们了解和感受到贵州的民族文化魅力。这有助于民族文化的保护和传承，民族自豪感和认同感的增强。

文化衍生品为观众在观赛过程中提供了多元化的选择和体验，也让他们在观看赛事之余，能够通过购买和收藏这些独特的衍生品，与“村超”赛事建立起更深的情感纽带，对其产生归属感。这种参与感和归属感正是“村超”品牌不断壮大、持续发展的坚实基石。

此外，“村超”通过文化衍生品的开发和销售，在丰富品牌内涵的同时，也促进了当地的经济发展和文化传承。

榕江县独创“足球 + 民俗文化活动”的创新融合模式，为“村超”注入了全新活力，极大提升了“村超”的吸引力。通过将足球比赛的激情与榕江县丰富的民俗文化深度融合，赛事期间穿插着多姿多彩的民俗表演、传统手工艺展示以及地方特色美食体验，共同为观众呈现了一场场精彩的足球赛事和文化盛宴。这种独特的文化融合，不仅让远道而来的游客们享受到足球带来的最纯粹的快乐，还能深入体验当地的风土人情，感受到浓郁的文化韵味，从而极大地增强了“村超”的吸引力和影响力。这种模式不仅提升了赛事的文化内涵，也促进了地方文化的传播与旅游业的繁荣，实现了体育赛事与地方文化发展的双赢局面，为榕江县乃至更广阔的地域带来了深远的经济和社会效益。

第三节
新媒体 + 名人效应，扩大“村超”宣传影响力

2021 年 2 月，习近平总书记亲临贵州考察，提出了“在新时代西部大开发上闯新路，在乡村振兴上开新局，在实施数字经济战略上抢新机，在生态文明建设上出新绩”，即“闯新路、开新局、抢新机、出新绩”重要指示。

榕江县在践行“在实施数字经济战略上抢新机”的理论过程中，另辟蹊径，创新性地提出了“三新农”理念，即“让手机变成新农具，让数据变成新农资，让直播变成新农活”。并以此为促进“村超”发展的重要推手，充分利用新媒体技术、培养新媒体人才、发挥新媒体名人效应，将“村超”打造得声名远扬，做出圈，走出了一条数字新媒体赋能乡村振兴的新路子。

此外，在这个全民直播的数字化信息时代，央视新闻等专业团队、个人网红的加盟推介，以及名人效应的运用，共同推动了“村超”从地方性民间足球活动发展成为全世界人民的“足球狂欢派对”。

一、借助新媒体技术，带动“村超”热度

相较于传统媒体，新媒体凭借其广泛的覆盖面、高效的传播速

度以及强大且独一无二的互动性，在信息化时代中迅速崛起，成为人们获取与传播信息的新宠。尤其在当下这个人人皆可直播的时代，新媒体更是如同一条灵活多变的触手，成为传播信息、扩大宣传影响力的不二之选。

榕江人在“村超”的打造过程中，敏锐地捕捉到并抓住了新媒体时代的全新机遇，充分利用新媒体技术，为“村超”品牌发展注入源源不断的活力，助力“村超”的快速传播，使其迅速走红。在新媒体的加持下，“村超”不仅在当地赢得了极高的关注度，更跨越地域界限，“出圈”至全国乃至世界舞台，在国际上大放异彩，同时有力带动了当地经济、文化、旅游等多方面的蓬勃发展。

首先，新媒体技术的广泛应用，为“村超”破圈之路提供了坚实的技术支持。榕江县紧跟短视频潮流，充分利用短视频平台的传播优势，借助抖音等热门平台，将“村超”赛事的精彩瞬间、球员的英姿风采、现场的热烈氛围等，都以短视频的形式生动呈现。这些短视频内容丰富多样且制作精良，高清画质、动感音乐与精心的剪辑相得益彰，成功吸引了众多网友的关注和点赞。此外，榕江县还注重技术创新和融合应用。例如，利用虚拟现实（VR）和增强现实（AR）技术，为观众打造沉浸式观赛体验；利用大数据分析精准把握观众需求，为赛事的策划和推广提供科学指导；运用人工智能技术，实现赛事内容的智能化推荐和个性化精准推送等。这些技术的融合应用，不仅提升了“村超”赛事的互动性和体验感，也为榕江县的新媒体产业提供了新的发展思路和可能。

其次，榕江县充分利用新媒体的互动性优势，搭建起“村超”赛事与观众之间的桥梁。榕江县积极与网友进行互动，利用社交媒体平台发布各场赛事预告、比赛结果、精彩瞬间等内容，让网友感受到强烈的参与感和归属感。这些互动和宣传有效地吸引更多观众关注“村超”赛事，也为榕江县拓展了更丰富的旅游资源，带来了更多商业合作机遇。同时，在“村超”比赛的网上直播过程中，榕江县高度重视网友们通过“弹幕”反馈的意见和建议，将这些即时、直接且热情的观众意见和建议作为优化赛事安排和提升赛事服务的重要依据。这种基于“弹幕”反馈的持续优化和改进，对于“村超”赛事质量和影响力的不断提高起到了至关重要的推动作用。

最后，榕江县自媒体充分借助了自媒体的广泛覆盖性，极大地拓宽了宣传的范围。据第三方研究机构 QuestMobile 发布的 2024 年中国移动互联网半年报告数据显示，短视频月活跃用户数已经达到 9.89 亿。如此庞大的用户基数，无疑是“村超”广泛传播的肥沃土壤。而“村超”作为一项全民参与的活动，本身就具备深厚的群众基础。鉴于此，榕江县政府积极号召全县群众，拿起手中的手机，拍摄“村超”赛事视频、参与赛事直播转播，记录下“村超”的每一个精彩瞬间，并通过抖音、快手、微信视频号等新媒体平台大力宣传，将这份热情传递给世界。如此一来，榕江县人人都成了“村超”的宣传大使，让“村超”的名声迅速传遍四海，社会关注度随之飙升。在“流量为王”的新媒体时代，“村超”火爆网络也便成了情理之中的事。

榕江县凭借新媒体技术的强大传播优势，成功助推了“村超”赛事的热度提升，实现了从地方赛事到全国乃至国际知名赛事的华丽转身。新媒体的传播方式让亲身参与和体验“村超”这一赛事的观众和游客通过社交平台分享解读自己的经历和感受，丰富“村超”的内涵。这一方式跨越了时空的限制，构建起了一个辐射全民的“村超”信息传播网络。通过各种平台机制的点赞、转发、讨论，将“村超”信息传播至网络空间，使覆盖范围不断拓展延伸，形成了一场以“村超”为载体的文化传播盛宴。赛事的成功举办不仅为榕江县带来了可观的经济效益和社会效益，也提升了当地的文化自信和国际形象。同时，“村超”赛事的成功模式也为其他地区和赛事提供了宝贵可行的经验和启示，进一步推动了新媒体技术在体育赛事推广和品牌建设中的深入应用。

二、培育新媒体人才，打造“长红村超”

新媒体人才在如今的信息传播、品牌推广、文化输出等领域扮演着举足轻重的角色。对于诸如“村超”这样的地方品牌赛事而言，新媒体人才能够凭借互联网和社交媒体平台的广泛覆盖，扩大赛事的知名度和影响力，吸引更多观众和参与者的目光。因此，掌握新媒体生产与运营技能的人才成为推动“村超”广泛传播、扩大影响力的中坚力量。

为了积极引进和培育新媒体人才，榕江县倾力打造了“贵州·榕江新媒体助力乡村振兴电商产业园”，成功吸引了 70 余家新媒体领域的实力企业及其精英经营管理团队入驻。同时，组织开展了多场线上线下的新媒体人才培训活动，累计培训人数超过 3.4 万。培训内容涵盖了新媒体基础理论知识、内容创新创作、直播实战技巧、数据分析等多个层面，旨在全面提升新媒体人才的专业素养和综合素质。此外，榕江县还积极鼓励新媒体人才深入乡村，与村民们携手创作具有浓郁地方特色的新媒体作品。例如，不少新媒体人才通过与村民的紧密合作，拍摄了一系列关于“村超”赛事背后故事的短视频。这些视频不仅生动展现了赛事的激烈比拼，还凸显了榕江人民的热情洋溢与顽强拼搏的精神风貌，进一步提升了“村超”品牌的知名度和影响力。

实际上，在打造“村超”品牌的过程中，榕江县早已深刻认识到：人才是发展的首要资源。为此，榕江县特别启动了“聚才行动”，通过实施人才战略激活县域对外开放活力，广揽天下英才，成功吸引了 528 名发展顾问、名誉村长和文旅推广大使加入。同时，榕江县还为每一位支持“村超”且贡献力量的人才颁发了荣誉证书。

榕江县通过“内部培养 + 外部引进”的双重策略，成功培育了一大批服务于“村超”的新媒体人才。不仅壮大了“村超”的专业宣传队伍，也为乡村经济的持续健康发展提供了坚实的人才保障。因此，即便是在非比赛时段，榕江县的电商业务也在如火如荼地开展。

可以说，培育新媒体人才与打造“长红村超”是相辅相成、相互促进的。培育新媒体人才，能够为“村超”品牌注入强大的传播与推广动力；而“村超”品牌的成功打造，又可以吸引更多新媒体人才的关注和参与。两者相得益彰，共同推动地方文化、经济和社会的全面繁荣与发展。

三、发挥名人效应，提高“村超”影响力

新媒体技术的广泛应用为“村超”出圈提供了技术支持，而人才的精心培育为“村超”的传播和长足发展提供了坚实的人才支撑。榕江县对名人效应的巧妙运用，也极大地提高了“村超”的影响力，为“村超”火爆出圈增添了浓墨重彩的一笔。

在提升“村超”专业性与知名度的道路上，榕江县走出了邀请知名体育界人士担任赛事顾问和嘉宾的妙棋，提升了“村超”的专业性和知名度。诸如中央电视台原体育播音员和解说员、足球解说“名嘴”韩乔生，以及前国足队长等体育界名人，纷纷受聘成为政府顾问。这些体育明星不仅以其专业的视角为赛事提供了宝贵的建议，更凭借其广泛的社会影响力吸引了大量球迷和媒体的瞩目。在赛事期间，这些名人通过社交媒体和现场互动，向万千观众传递了“村超”的魅力和价值，使得赛事的知名度和影响力再攀新高。

而“村超”赛事与国际足球巨星的精彩互动，无疑是其在国际舞台上崭露头角并使知名度飙升的重要推手。众多国际足球巨星纷

纷对“村超”投来关注的目光，他们或是通过社交媒体表达对“村超”的赞赏和支持，或是亲临榕江与当地的足球爱好者们同场竞技、交流心得、共话足球。2023 年 5 月 27 日，巴西著名前职业足球运动员卡卡现身贵州“村超”，与当地球员进行亲密互动，并助阵“逐梦”冠军公益赛，为榕江当地的青少年足球和“村超”的发展贡献力量。同年，“村超”赛事举办期间，迈克尔·欧文则通过社交媒体送来了对“村超”的祝福，表达了对赛事的支持。这些国际足球巨星的加盟，不仅为“村超”赛事增添了诸多看点和亮点，引发了关注和话题热议，更让世界各地的足球迷们认识到了这个充满活力和激情的乡村足球赛事，激发了更多人对赛事的浓厚兴趣和热切期待。

除了体育界的名人之外，榕江县还积极邀请影视明星、文化名人等社会各界知名人士担任“名誉村长”或参与赛事推广活动。这些名人以其独特的个人魅力和广泛的粉丝基础，为“村超”带来了更多的曝光度和关注度。范志毅、贺炜等知名人士在担任“名誉村长”期间，全身心投入到赛事的筹备和推广工作中，通过社交媒体积极分享赛事的精彩瞬间和幕后花絮，吸引了众多粉丝和观众的关注。他们的参与不仅为赛事增添了更多的趣味性和互动性，也进一步扩大了“村超”的受众范围与影响力边界。

此外，榕江县还邀请了一些“圈外”知名人士和网络红人为“村超”赛事加油助威。他们通过个人的社交媒体账号发布相关内容和宣传海报，增强了赛事的知名度和影响力。同时，榕江县还精心策划了一系列与“村超”相关的文化活动，如举办“村超”音乐节、文创产品展销会等，以此吸引大量游客和市民前来参观和体验。这些活动不仅为游客提供了深入了解“村超”和榕江独特文化的机会，也进一步推动了当地经济的发展和繁荣。

在名人效应的强劲推动下，“村超”赛事的影响力日益扩大，聚焦了越来越多的游客和媒体的目光。据中新网 2025 年 2 月 20 日报道，在“村超”的带动作用下，2024 年榕江县累计接待了 946.18 万人次的游客，伴随着游客数量的增加，旅游业收入也显著增长，各类市场主体如雨后春笋般层出不穷，旅游综合收入更是同比增长了 28.64%，高达 108.03 亿元，为当地经济发展注入了新的活力。同时，“村超”品牌也逐步成为展示中国乡村文化和体育精神的窗口。

“村超”之所以能够持续火爆，并非偶然。其背后离不开“村超”对“快乐足球”核心理念的坚守与传承，这让“村超”成为一种传递“快乐足球”文化、凝聚人心的独特文化符号。而更为关键的是，在“村超”的品牌打造过程中，榕江人民展现出了非凡的文化创新能力，这正是“村超”品牌独具特色的关键。

榕江人对“村超”品牌的成功塑造，无疑是乡村文化战略与品牌创新策略完美结合的典范，是多重有利因素完美融合的结果。恰逢其时的政策环境以及政府与百姓同心共创的强大凝聚力，奠定了“村超”火爆发展的基础，更成就了其独特的魅力与长久的生命力。

另外，“村超”的脱颖而出也是社会各界齐心协力的结果。具体而言便是民众齐心、共建共享；数字助力、媒体助推；用好人才、创意融汇；政府作为、市场发力；社会有爱、科技赋能。它们是其火爆的必然缘由，同时成功开拓了蓝海经济新天地，也为乡村振兴战略的实施探索出了一条全新的发展路径。

第三章

贵州“村超”驱动下的地方经济效应

贵州“村超”的影响范围早已远超体育赛事的范畴，它已演变为一种蕴含深远经济意义的社会活动。它不再是一场单纯的彰显乡村足球风采魅力、传承弘扬民族精神的体育竞技活动，更成为一种多维度、多层次、全方位推动地方经济跃升的重要驱动力，其带来的经济效益极为丰富。

在“村超”影响的大背景下，榕江县甚至整个贵州的当地经济都有了显著的发展，而经济发展最直观的表现是老百姓的民生福祉更扎实。

为此，“村超”为榕江县带来的经济红利值得各方深入探讨，为乡村振兴与县域经济腾飞探索出一条切实可行的、科学合理的崭新道路，为地方经济的繁荣兴盛添砖加瓦。

第一节
榕江县在“村超”兴起前后的经济变迁

2023 年，源自贵州榕江县的“村超”火爆全网，为当地经济带来了前所未有的变革与活力，这一变革主要体现在以下两大方面。

一、地区生产总值构成的变化

在“村超”兴起之前，榕江县的经济格局稍显单一，地区生产总值（简称地区 GDP）主要由农业、工业和服务业三大产业构成。以 2022 年为例，榕江县的地区 GDP 为 92.98 亿元，其中农业、工业和服务业占比分别为 26%、20% 和 54%。尽管服务业在三大产业中占据了领先地位，但其内部发展并不均衡。具体而言，旅游、餐饮、住宿等行业虽然有所发展，但整体规模相对较小，对经济的推动作用相对有限。这较大程度上受限于榕江县地理位置偏远和交通不便，从而导致农产品外销困难，外来游客流入也受到限制。同时，榕江县的产业结构相对单一，缺乏多元化的经济支撑点，进一步制约了服务业的发展潜力。

因此，我们需要关注“村超”举办前后第三产业内部结构的变化。随着“村超”的火爆，榕江县的旅游业、餐饮业、住宿业等第三产业迅速崛起，成为经济增长的新动能。数据显示，2023 年，全县的批发业、零售业、住宿业及餐饮业分别完成销售额 11.1 亿元、38.4 亿元、1.58 亿元、12.27 亿元，同比分别增长 10.4%、8.1%、17%、12.2%，分别高于同期 3.6、3.6、25.8、12.8 个百分点。此外，从榕江县 2024 年上半年的经济运行情况来看，全县经济持续回暖并呈现稳步回升的良好态势，稳步向好的局面得到巩固。其中，批发、零售、住宿及餐饮等多个行业的销售业绩，以及居民的消费品购买能力和主要产品的产量均保持增长态势，这一系列积极变化在一定程度上反映了“村超”对榕江县经济持续产生的正面效应。

榕江县始终坚持高质量发展统揽全局，围绕主战略、主定位，按照“扬优势强产业、补短板惠民生、防风险保稳定”主任务，全力统筹好发展和安全。全县经济社会运行呈现“稳中向好、动能增强、民生改善”的态势，保持了高质量发展的良好势头。2024 年，榕江县的经济增长势头强劲，地区 GDP 为 104.96 亿元，按不变价格计算，比上年增长 5.0%。可观的数据是榕江县对高质量发展坚定追求的结果，也是其对创新发展的不懈探索。

二、地区 GDP 增长动力的转型

在“村超”赛事举办前，榕江县的经济发展状况呈现出一定的局限性。其地区 GDP 的增长动力主要依赖于农业产出、国家扶贫项目以及少量的工业投资。这些传统的发展模式虽然在一定程度上推动了经济增长，但也暴露出诸多弊端。农业生产效率的低下导致农民收入增长缓慢，这不仅直接影响了农民的生活质量，还间接制约了县域经济的整体发展进步。更为突出的是，县域经济缺乏足够的活力和可持续性，难以维持稳定且强劲的增长势头。与此同时，榕江县的服务业发展也相对迟缓，主要局限于传统的餐饮、住宿等低附加值行业，未能形成规模化、现代化的服务业体系。这样的产业结构不仅限制了服务业自身的发展潜力，也进一步制约了榕江县经济的多元化和现代化进程。

而“村超”的兴起，为榕江县地区GDP增长动力带来了颠覆性的转变。它推动着经济从传统的农业主导型经济逐渐转向以现代服务业和制造业为核心的多元化发展格局，从而增强了经济的可持续性和抗风险能力。此外，“村超”的热烈反响还引发了连锁效应，有力拉动了体育用品制造、广告传媒等相关产业的蓬勃发展，进一步拓宽了榕江县的经济增长路径。

综上所述，虽然第三产业已经占据了榕江县地区GDP的主导地位，但“村超”赛事的成功举办仍然对第三产业内部结构的优化和升级以及整体经济表现的提升产生了显著影响。可以说，“村超”是榕江县经济发展历程中的一个重要推手，它不仅促进了榕江县产业结构的多元化发展，更形成了农业、工业和服务业协同并进的经济新格局，为当地经济注入了强劲活力。

第二节
“村超”为榕江县带来的经济效益

“村超”的迅猛崛起，如同催化剂一般，为榕江县带来了全方位、深层次的经济提振效应。这种效应不仅显著，而且影响深远，尤其在经济效益的提升上体现得淋漓尽致。这些效益可以分为直接经济效益与间接经济效益两大类。

一、直接经济效益

1. 旅游业的快速发展

“村超”的火爆直接带动了榕江县旅游业的迅猛腾飞。据榕江县政府统计，“村超”举办的一个月时间内便吸引了 42 万余人次的游客，其中本地游客 30.39 万人次，外地游客 11.61 万人次。这一数据不仅彰显了“村超”的广泛影响力，更直接推动了榕江县旅游业的快速发展。2023 年 5 月，榕江县接待游客总数达到 107.37 万人次，同比增长 39.73%；实现旅游综合收入 12.41 亿元，同比增长 52.08%。2023 年，到榕江来看球和旅游的人数高达 765.85 万人次，这一数字是当地常住人口的 20 倍。这些数据的显著增长不仅得益于“村超”赛事的成功举办，更凸显了“村超”对榕江县旅游经济的强大拉动效应。

随着“村超”赛事的持续升温，榕江县的旅游热度也一路飙升。从 2023 年 5 月 13 日至 2024 年 6 月 30 日，榕江县因“村超”系列赛事的推动，全县接待游客总数达到 1169.24 万人次，旅游综合收入更是高达 130.7 亿元。这一爆发式增长不仅为榕江县带来了可观的经济收益，更提升了其在贵州乃至全国范围内的知名度和影响力。

2. 住宿餐饮业的繁荣

游客数量的大幅增长直接催生了庞大的食宿需求，榕江县的住宿餐饮业也因此迎来了繁荣景象。在住宿领域，2023 年“村超”赛事期间，榕江县的酒店、民宿等各类住宿设施的入住率显著提升，平均入住率高达 83.6%，比赛日更是达到了 100%，导致部分热门地段出现了“一房难求”的现象。为此，榕江县积极招商引资，成功引入维也纳、7 天等品牌连锁酒店，并打造了读侗木屋、天池和百草堂等特色民宿，极大地丰富了住宿市场的供给，满足了不同游客的多元化住宿需求。据统计，2023 年 1 月至 7 月，榕江县住宿业实现销售收入 1567 万元，同比增长 18.3%，展现出强劲的发展势头。而进入 2024 年，这一增长趋势得以延续并加速。2024 年 1 月至 5 月，全县住宿行业的入住率继续保持高位运行，达到了 77.48%，营业收入更是实现了跨越式增长，高达 7375 万元，同比增长 60%，进一步彰显了榕江县住宿业的繁荣景象。

在餐饮业方面，榕江县精心布局，设立了 1973 个规范化的免费固定摊位，并增设了近 2000 个灵活的流动摊位。这些摊位专为“村超”赛事的观众提供丰富多样的餐饮美食、当地特色农产品以及赛事相关的周边商品销售等服务。此举极大地促进了榕江城镇夜间经济的快速发展，成功将“地摊经济”打造成为驱动地方经济增长的新动力。据统计，2023 年“村超”举办期间，榕江县餐饮业营业额达到 4.82 亿元，夜间消费更是高达 4.48 亿元，占比超九成。美团数据显示，2023 年 6 月以来，榕江县的超市、便利店在平台上的即时零售订单分别同比增长了 26%、102%，餐饮、超市等相关搜索量激增 121%，其中“村超”、牛瘪火锅、酸汤鱼等成为搜索热词。由此可见，“村超”的兴起不仅丰富了榕江县的文化旅游内涵，更推动了其住宿业与餐饮业步入发展快车道。

3. 农产品销售的增加

“村超”的举办，也为榕江县的农产品销售带来了显著的增长。在“村超”赛事期间，榕江县充分利用赛场资源，设立了农特产品展示区，精选了当地的非遗文创产品、特色农产品以及“村超”授权产品，如山茶油、茶叶、百香果、罗汉果等进行展示和销售。这些农产品凭借其独特的品质和口感，吸引了众多游客的目光。截至 2024 年 5 月，榕江县已在足球场内成功打造了 15 个商铺，这些商铺平均每月实现总销售额约 15 万元。

榕江县还通过现场直播带货等方式，将这些农产品推向全国市场。2023 年，得益于“村超”赛事的广泛推广和直播带货的强劲助力，榕江县农产品销售量高达 4198 万吨，线上线下销售额累计达到 6.26 亿元，其中网络零售额更是达到了 4747.99 万元，同比增长 112.42%，增速在黔东南州内位居首位。2024 年 1 月至 4 月，榕江县通过线上线下渠道促销县域农特产品约 1.27 万吨，实现销售额约 2.06 亿元。这些数据充分证明了“村超”对于农产品销售的巨大拉动作用。

从具体产品来看，2023 年，榕江县的百香果、小香鸡、香羊、油茶等生产基地，在“村超”平台的推动下，实现了规模化发展。例如，贵州山呷呷农产品有限公司作为榕江县的一家新媒体企业，通过“村超”赛事期间的直播带货活动，成功将杨梅汁、百香果、脐橙等农特产品销往全国各地，销售额突破千万元大关，创造了显著的经济效益。此外，“村超”赛事还催生了一批农产品销售的成功案例。以“西瓜妹”熊竹青为例，她借助榕江“村超”品牌的赋能，大力发展新媒体直播带货，将榕江的百香果、西瓜等特色优势产品销往全国。2024 年，仅百香果一个产品，她的工作室就销售了 1 万斤，实现营业收入 15 万元。这一成功案例不仅展示了“村超”对于农产品销售的推动作用，更为当地农民提供了增收致富的新途径。

4. 金融指标的上涨

“村超”的兴起对榕江县的经济发展产生了深远影响，不仅推动了财政税收、居民存款、贷款余额等金融指标的稳步增长，更为该县带来了实实在在的金融效益，成为地方经济发展的新引擎。在财政税收方面，由于“村超”的火爆，2023 年 1 月至 7 月，榕江县旅游相关产业增值税开票收入达 4.3 亿元，同比增长 89.7%；旅游税收收入 5187 万元，同比增长 34.4%。这一组数据充分表明，“村超”对旅游业的繁荣具有强大的带动作用，促进了地方税收的显著增加。这不仅为榕江县政府提供了更为充裕的财政资源，也为地方基础设施建设和公共服务改善提供了有力保障。

随着旅游业的繁荣和地方经济的发展，榕江县的金融需求也随之增加。在居民存款与贷款余额方面，该县自推出“村超”以来表现尤为突出。2024 年 1 月至 9 月，金融机构人民币各项存款余额达到了 138.15 亿元，同比增长 11.8%；各项贷款余额也达到了 199.36 亿元，同比增长 16.7%，均位居黔东南州同等县市第一。这一成绩的取得，不仅满足了当地经济发展的资金需求，还促进了金融市场的繁荣与稳定，为榕江县的经济发展奠定了坚实的金融基础。

在此基础上，榕江县的金融机构也迎来了新的发展机遇。各大银行纷纷在该县设立分支机构或扩大业务范围，为当地居民和企业提供全方位的金融服务。例如，针对外地游客的跨区域消费需求，当地银行推出了贴心的消费金融产品服务，如消费贷款、信用卡、移动支付等，为游客提供了更多的消费便利，进一步促进了榕江县消费市场的繁荣。同时，当地银行还加强了与平台企业和旅游公司的合作，扩大了普惠金融的服务范围，为赛事举办当地的小微企业提供贷款支持，满足了其临时的资金周转需求，也为当地经济的发展注入了源源不断的金融“活水”。例如，在第一届“村超”现场展示的百香果、草珊瑚、茶叶、油茶、罗汉果以及家禽等特色产业，正是榕江县农村信用合作联社（简称榕江农信联社）重点支持的产业。自 2023 年以来，榕江农信联社已累计投放贷款 3 亿元，支持县域内种植百香果 4.23 万亩、蔬菜 6500 亩、草珊瑚 2930 亩，养殖生态家禽 180 万羽，助力 3.2 万户群众实现增收。截至 2023 年 7 月，榕江农信联社投放的产业类贷款余额已达 9.37 亿元，有效推动了地方实体经济的高质量发展。

二、间接经济效益

1. 人口流动与结构的变化

在“村超”赛事举办前，榕江县的人口流动主要呈现为流出态势。根据官方数据，2022 年末，榕江县户籍人口为 38.53 万人，而常住人口仅为 29.35 万人。这意味着有 9 万余户籍人口在外工作、生活或学习，人口流出比例较高。

然而，“村超”的兴起悄然改变了榕江县的人口流动与结构。一方面，外来人口数量大幅增加。随着“村超”赛事声名鹊起，大批游客纷至沓来，他们既有来自周边地区的短途游客，也有从全国各地远道而来的长途游客。此外，众多外地企业和投资者也纷纷瞩目榕江，前来洽谈合作和投资项目。这一趋势无疑推动了榕江县人口结构的多元化发展。另一方面，本地人口开始加速回流，他们本就有着对家乡的眷念和牵挂，在县域经济的持续发展和“村超”赛事的带动效应下，越来越多的榕江人看到了回乡发展的机会和潜力，其中不乏年轻人和中年人。他们带着在外积累的经验和技能回到家乡，积极投身于创业、就业和乡村建设。这一变化不仅有效缓解了榕江县长期存在的人才流失问题，一定程度上解决了乡村人才匮乏的问题，更在悄然间优化了该县的人口年龄结构。

2. 基础设施的完善与升级

“村超”赛事的兴起，促使榕江县的基础设施面临更高的要求。

为满足游客在出行、娱乐等方面的需求，榕江县加大了对基础设施的投入和完善力度。

在交通领域，榕江县依托贵广高铁、厦蓉高速等交通主干道，强化了与周边城市的互联互通，构建了一个便捷的交通经济圈，为游客和参赛者提供了高效的出行条件。“村超”赛事热度上升后，榕江县已经开通了到达西江、荔波、剑河、贵阳等地的旅游直达车，并因此成为贵州东南地区的旅游集散中心。此外，“村超”期间，榕江县科学规划了 1.6 万个“村超”停车位并免费开放，开通了专门的“村超”公交专线，并争取到停靠榕江站的动车班次由 22 列增加至 40 列，“村超村晚”当天已增加至 43 列次。这一系列举措进一步提升了游客的出行便利性，并为当地交通运输业带来了可观的收益。同时，针对“村超”赛事期间游客流量大、交通压力骤增的情况，榕江县还加强了交通安全隐患的排查和整改工作。例如，针对某一通往“村超”现场的路段突然变窄且缺乏警示标志的问题，榕江县检察院及时介入并督促相关部门进行整改，增设了警示标志和安全设施，确保了游客的出行安全。

在赛场设施方面，榕江县不仅完善了球场、灯光、网络等基础设施，满足了赛事举办的基本需求，还对赛场周边环境进行了整体规划和美化，如增设绿化带、花坛等景观设施，以及改善周边道路的清洁度和整洁度，从而提升了赛场的整体形象和观赏性。此外，借助“村超”赛事的影响力，榕江县加强了对景区景点的建设和管理，显著提升了景区的知名度和美誉度。这使得更多游客愿意前来榕江县旅游观光，进一步推动了当地旅游业的发展。同时，依托“村超”赛事，榕江县积极推动乡村公共休闲服务设施的改造升级，增设了休闲公园、健身步道、休闲田野等公共休闲空间。这些公共休闲空间不仅显著提升了乡村日常生活的休闲品质，还促进了城乡之间的融合发展。

3. 就业与创业渠道的多元化拓展

“村超”活动的举办为榕江县开辟了广阔的就业与创业空间。在赛事的筹备及执行过程中，榕江县积极调配人力资源，涵盖了场地布置、安全保障、志愿服务等多个关键环节，创造了大量就业机会。此外，赛事的举办还极大地推动了当地旅游业的发展，促使众多居民投身于住宿、餐饮、交通服务等行业，实现了在家门口就业的梦想。据统计，自 2023 年“村超”启动以来，榕江县围绕赛事场地周边规划设立了大批摊位，直接激活了 1200 多个就业岗位，并助力超过 4000 人实现就近就业与收入增长。

在市场主体层面，“村超”赛事如同一股强劲的东风，吹动了当地市场主体的蓬勃发展。众多个体工商户和企业敏锐捕捉到了“村超”带来的商机，纷纷选择在榕江县注册新公司或开设新店。数据显示，全县新增类似“村超”美食根据地等市场主体 4019 家，其中与“村超”品牌授权合作的企业超过 30 家，签约项目达到 27 项，这些新增市场主体共带动了 1.2 万余人的就近就业。

不仅如此，“村超”赛事期间，榕江县的劳动力市场也展现出了极高的活跃度。由于“村超”所展现出来的除足球赛事外，还有多元化活动，因此所需要的就业人才也形成了多元化趋势。该县通过举办招聘会、搭建零工市场等方式，为求职者提供了丰富多元的就业机会。特别是通过创新的“村超 + 零工市场”模式，该县日均服务待工群众近 30 人，累计收集岗位信息超过 1.4 万个，成功促成了 3300 多人次的就业。同时，“村超 + 乡村主播”等新颖模式也有效拉动了当地产业发展。为了支持这一模式，榕江县组织了 400 余次“乡村主播”技能培训，惠及创业者 3.4 万余人次，助力其稳步成长；利用全县 1.2 万多个新媒体账号和 2200 多个本地网络直播营销团队，动员全县群众自发拍摄赛事短视频，并在抖音、快手、视频号等平台广泛传播，实现了传播速度快、影响范围广、社会关注度高的效果。自“村超”开启以来，榕江县有超 300 名主播参与直播，直播间互动人数高达 12.1 万人次，通过直播带货有效推动了当地白香果、脐橙、蔬菜、苗绣等产业的发展，累计带动就业创业人数超过 10 万。

4. 可持续发展潜力的挖掘与释放

随着“村超”赛事的持续演进及其影响力日益增强，榕江县的可持续发展潜力与经济效益之间的联系将变得愈发紧密且显著。首先，“村超”已成为榕江县文化交流与传播的重要平台。“村超”吸引了来自五湖四海的游客与媒体聚焦榕江县，让他们亲身体验这里的乡村韵味和丰富多彩的民族特色。这种文化交流不仅显著提升了榕江县的文化软实力，更在国内乃至国际舞台上为其赢得了更高的知名度和美誉度。例如，榕江县成功将宰荡村打造为非遗传习中心，通过“产业 + 文创”“文创 + 工坊”等发展模式，培育了一批非遗合作社、工坊等市场主体。截至 2024 年 11 月，榕江县已成立重点文创企业（非遗工坊）12 家，其中 4 家非遗工坊获评州级优秀工坊生产基地，开发非遗文创产品 450 余种，衍生足球产品 250 余种。2024 年以来，“线上线下”销售非遗衍生品的销售额达 1200 万元。这些举措不仅促进了非遗文化的传承与发展，还带动了当地经济的增长和就业的增加。

其次，“村超”已成为推动榕江县社会和谐与稳定的积极力量。赛事期间，榕江县的社会治安保持良好态势，游客与当地居民和谐共处，共同营造出一种积极向上、和谐融洽的社会氛围。这种良好的社会环境为榕江县的可持续发展打下了牢固的根基，同时也为经济活动的顺利开展创造了有利条件。

为了确保这一积极成果能够持续，榕江县在赛事组织与安全保障方面做出了不懈努力，比如实施全天候（7×24 小时）的巡查机制，专门组建“村超”情报工作小组，以提供精准、高效的服务保障，特别是针对外籍人员及驻华使领馆人员的来访。这些措施的实施确保了“村超”联赛等大型群众性活动的圆满成功。据统计，2023 年榕江县举办的各类赛事活动均未发生安全事故和重大网络舆情事件，堪称安全举办大型体育赛事的成功典范。

最后，“村超”强有力地助力了榕江县的生态文明建设进程。“村超”游客不仅被赛事所吸引，更为一睹贵州大自然的灵动朴素、和美乡村建设的布局转变，这就要求“村超”做好生态文明建设，保持生态本真。因此，赛事举办期间，榕江县加大了对生态环境的保护和治理力度，通过加强环保宣传、实施垃圾分类等措施，确保了赛事的顺畅进行和生态环境的持续改善。例如，在赛事场地及周边区域设置垃圾分类回收站，引导观众和参赛者正确分类投放垃圾，从而减少环境污染。这一系列举措不仅为榕江县的可持续发展提供了坚实的生态支撑，更为其他区域提供了宝贵的生态文明建设经验与启示，展现了榕江县在绿色发展道路上的坚定步伐和卓越成就。

综上所述，“村超”不仅实现了经济效益、社会效益与生态效益的多重增长，更促进了经济、社会与文化的共同繁荣，形成了一个正向循环的生态系统，为榕江县的可持续发展增添了强劲的新动能。

第三节
“村超”驱动下的乡村振兴与县域经济发展新路径

2023 年，榕江县抢抓“村超”机遇，成功争取到一大批“国字号”“省字头”金字招牌、示范试点。例如，榕江县获评“全国首批文化产业赋能乡村振兴试点”“全国县域旅游发展潜力百佳县”和入选“第四批国家农业绿色发展先行区创建名单”等 8 块“国字号”金字招牌；同时，还荣获了“贵州省体教融合试点县”“第四批省级夜间文化和旅游消费集聚区”“贵州省生态文明建设示范县”等 6 块省级招牌。

“村超”的热烈反响不仅点燃了乡村振兴的热情，更为县域经济带来了难得的发展机遇。因此，如何精准把握并充分利用这一机遇，将“村超”的热度转化为推动经济持续发展的强大动力，已成为从政府到民众共同面临的紧迫任务，也是一个亟待深入研究和解决的重要课题。在此背景下，对于“村超”等文体旅活动的可持续性进行深入剖析显得尤为重要。“村超”的成功，并非仅仅建立在赛事本身的精彩纷呈或参与者的热情高涨之上，更为核心的是“村超”能否与当地经济实现深度融合，能否通过活动的举办直接或间接地创造出经济效益，并且这种效益能否得以长期保持。这不仅是“村超”等文体活动组织者必须深刻反思的问题，更是所有致力于乡村振兴和县域经济发展的人士必须正视的现实挑战。

榕江县以“村超”推动县域经济发展的成功案例，正是地方经济效应的一个生动写照。深入分析其背后的成功路径，我们不难发现，其秘诀在于精心规划并实施了“村超三部曲”。

一、尊重人民主体性，激活乡村内生动力

在“村超”的策划与实施历程中，尊重并发挥人民主体性始终是其核心理念与价值导向。这一理念深深植根于“村超”的每一个环节，从赛事的精心筹备、周密组织到广泛参与，榕江村民都被赋

予了极大的自主权。他们自主决策、自主实施，将个人的智慧与力量凝聚成推动“村超”前进的强大合力。在此基础上，榕江县委、县政府的主要领导多次强调：“榕江人民才是‘村超’真正的英雄。‘村超’是人民当家作主的幸福表达，是人民主体、人民主创、人民主推、人民主接的全过程主动参与带来的幸福感表达，人民足球为人民，人民足球惠人民，人民足球人民爱。从本质上说，‘村超’是以激发人的主观能动性为核心的人的全面发展的成果。”

因此，“村超”远非简单的足球竞技，而是榕江人民当家作主、积极参与、共享幸福的载体。它唤醒了榕江人民的“主人翁”意识，促使他们从被动的旁观者转变为主动的参与者，从置身事外的局外人成为心系家园的家里人。这种全民动员、全民参与的热情，不仅极大地提升了村民的凝聚力与归属感，更成为榕江县乡村振兴的强大内生动力。尤为重要的是，榕江县在举办“村超”赛事的过程中，始终坚持“村超”姓“村”的原则，保持民间味、乡土气，突出乡土、乡情、乡愁“三乡”味道，以真实、真诚、真情打动游客，有效杜绝“村超”商业化、资本化。这种原真性和公益性，使得“村超”成为榕江县的一张亮丽名片，吸引了无数游客前来观看和体验，为该县带来了大量的关注度和客流量，开启了乡村振兴的新篇章。

二、政府引导与支持，奠定可持续发展基石

面对“村超”这一盛大活动，榕江县政府展现了其精准扶持的

智慧，既积极参与又保持适度，既未置身事外也未越俎代庖，成为“村超”得以持续发展的关键力量。其引导和支持主要体现在以下两大方面。

（1）税收优惠与减免：为了鼓励企业积极参与和支持“村超”及相关产业的发展，贵州省及榕江县政府实施了一系列税费优惠政策。根据中国税务网信息，2023 年 1 月至 7 月，得益于延续优化的税费优惠政策，榕江县住宿业共有 276 家经营主体享受到了总计 191.04 万元的税费优惠。这一政策不仅减轻了企业的负担，还激发了其投资和发展乡村旅游的积极性。除了住宿业，榕江县的其他行业如农业、服务业等也因“村超”的带动而获得了税收减免。例如，贵州青于蓝农业投资有限公司在“村超”举办以来，享受了促进小微企业发展、支持“三农”等税费优惠政策，累计减免企业所得税、增值税及“六税两费”等 95.32 万元。这些税收优惠政策有效提升了企业的盈利能力，使其能够更好地投入农产品生产和加工中，进一步丰富了“村超”赛事期间的农特产品供应，实现了产业与赛事的良性互动。

（2）关键主导与发力：“村超”虽然看似只是一场文体活动，但其对经济社会的影响深远且潜力巨大。单凭民间力量难以全面推动其发展，因此政府的引导与支持显得尤为重要。在某些领域和关键时刻，榕江县政府更是需要发挥主导作用。例如，为了确保“村超”期间旅游环境的和谐与秩序，榕江县人社、综合执法、市场监管等部门积极参与志愿服务，负责宣传提醒、秩序维护、监督管理以及垃圾清理等工作。同时，市场监管局还专门发布了规范市场价格的告诫书，并明确了欺骗消费者的惩罚标准，以保障游客的合法权益，实现安心消费。政府的这些有力举措，为“村超”的健康发展奠定了可靠的基础。

三、深化区域协作，共促县域经济协同发展

“村超”，作为榕江县一项独特的经济活动，其崛起是榕江县产业集聚效应与区域协作深化双重作用下的必然结果。这一盛事极大地激发了企业与市场的活力，引领着县域经济向多元化和可持续增长的道路稳步前行。

从产业集聚效应的角度来看，“村超”的蓬勃发展，是榕江县依托自身资源优势，通过产业集聚与转型升级，逐步塑造出的特色经济发展模式。在这一过程中，政府、企业、市场等社会各界携手并进，共同推动着地方经济结构的优化与调整。同时，“村超”的举办还加速了人才、资金、技术等关键生产要素在区域内的流动与配置，为榕江县及其周边县域带来了显著的经济辐射效应。在此基础上，产业集聚所带来的规模效应与协同效应进一步凸显，使得榕江县在特定领域内形成了明显的竞争优势，吸引了大量资源与要素汇聚。这种集聚效应不仅优化了产业结构，还通过大力发展第三产业，有效拉动了第一、第二产业的协同发展，为“村超”的持续繁荣提供了坚实的产业基石。从区域协作深化的角度来看，“村超”的举办无疑是一个重要的契机，它促进了榕江县与周边县市在旅游、

交通、餐饮等多个领域的优势互补与资源共享，共同推动着县域经济的协同发展。这种区域协作模式不仅优化了资源配置，还提升了榕江县及其周边地区的整体经济效益。

展望未来，榕江县应继续深化区域协作，加强与周边地区的互动交流，共同探索县域经济协同发展的新路径。通过优化产业布局、提升产业竞争力、加强基础设施建设等举措，不断夯实县域经济发展的根基。同时，积极挖掘新的经济增长点，推动“村超”等特色产业向更高层次、更广领域拓展，为县域经济的持续健康发展注入新的活力。只有这样，榕江县才能在激烈的区域竞争中脱颖而出，实现经济社会的全面繁荣与进步。

| 第四章 |

“村超”的流量变现机制

在数字经济时代，流量已成为衡量一个事件或产品市场热度、影响力乃至成功与否的黄金标尺。它不仅仅代表了数字上的点击、浏览或参与人数，更是注意力经济下一种能够直接转化为商业价值和社会影响力的无形资源。自 2023 年起，“村超”作为一股新兴的文化与商业力量，以其独特的烟火气和泥土味，在数字世界成功掀起了一场流量风暴，其背后的流量变现机制成为市场关注的焦点。本章将深入解读“村超”的“流量密码”，细致剖析“村超”吸引的流量及其变现机制，并探讨其对经济的影响以及未来的发展趋势。

第一节
“村超”引发的流量效应

从乡村足球场上涌动的热烈人潮，到互联网空间内累积的海量数据，再到实体经济领域实现的可观收益，“村超”不仅仅是一场足球赛事的狂欢，它更像是一股强劲的浪潮，席卷了体育、文化、农业等多个产业领域，开辟了一条全新的流量变现与经济发展路径。而在这股由“村超”引发的流量浪潮之下，隐藏着的是对流量多元化构成的挖掘与多维度影响的释放。

一、人流：赛事吸引，促进县域消费

“村超”赛事的举办，首先带来了人流的汇聚。榕江县作为“村超”的主办地，吸引了大量来自全国各地的观众和游客，使得原本宁静的乡村足球场变得热闹非凡，人流量激增。据官方统计，2023 年“村超”赛事期间，榕江县共计接待游客数百万人次，其中不乏来自北京、上海、广州等一线城市的游客。

人流量的增加意味着消费潜力的巨大提升。榕江县的餐饮业、住宿业等服务业领域在“村超”赛事期间收益显著，旅游业更是实现了跨越式增长。游客在榕江县的消费不仅涵盖了传统的餐饮、住宿，还延伸至购物、娱乐等多个领域，为榕江县的经济注入了大量的现金流，极大地促进了当地经济的活跃与繁荣。尤为值得一提的是，因“村超”汇聚了庞大的观众群体，榕江县的“夜间经济”“地摊经济”也借此东风得以蓬勃发展。夜晚的榕江，灯火辉煌，人声鼎沸，各类小吃摊、手工艺品摊等如雨后春笋般涌现，形成了独特的消费景观。这一转变，不仅丰富了游客的消费体验，更使榕江县从一个默默无闻的消费“洼地”县城，一跃成为备受瞩目的消费新热土。

“村超”作为县域消费升级的先锋，为众多县域树立了标杆。

它不仅彰显了县域消费在打响知名度、构建产业支撑方面的巨大潜力，还揭示了县域消费已成为新的“流量密码”与发展动能。县域经济发展与消费升级的相互作用，为县域消费市场提供了强大的支撑，使得榕江县成为展现县域经济活力与魅力的重要窗口。更为重要的是，“村超”赛事的成功举办，为县域消费、经济发展提供了新的路径和可能性。它启示我们，举办富有地方特色的体育赛事等活动，可以有效吸引人流、汇聚各类资源，进而促进地方经济的多元化发展和内生增长。对于诸多寻求突破方向的县城而言，“村超”无疑提供了一种巨大的“剧场效应”和良性倒逼，激励着它们勇于探索适合自身发展的新路径，从而实现县域经济的转型升级与跨越式发展。

二、物流：农产品上行，拓宽销售渠道

“村超”不仅吸引了大量人流，更带动了当地物流产业的迅猛发展。依托“村超”的火热氛围，榕江县的农产品销售渠道得到了极大拓宽。榕江西瓜、塔石香羊、小香鸡、黄牛等特产，曾是榕江县不遗余力推广外销的产品。然而，“村超”直接逆转了当地的货运流。贵州数字货运平台满帮集团数据显示，2023 年 5 月至 7 月，榕江县本地物资外运出现了大幅下降，其中水果环比下降 90%，禽类环比下降 69.6%，食品饮料外运环比下降 43%，蔬菜环比下降 18.8%，这从侧面说明，为了满足因“村超”而突然暴涨的市场需求，榕江民众“倾力”拿出本土物资来接待球迷和游客，因此榕江出产的特产及生活物资大多在本地就被消耗掉了。除此之外，还

有 3.96 万吨食品饮料、谷物粮食、水果蔬菜等生活物资由外地运入榕江，运入总量较 2023 年 3 月至 5 月环比上涨 70.83%，其中食品饮料环比上涨 50.58%，谷物粮食环比上涨 94%，水果环比上涨 179.72%。这些数据直接反映了“村超”对当地物流体系的积极影响。

与此同时，物流的发展还对农产品的标准化、规模化及品牌化起到了强有力的推动作用。一方面，为了满足消费者对农产品的品质要求，农户们开始聚焦于标准化生产流程，努力提升农产品的质量与附加价值；另一方面，借助电商平台的广泛影响力，农户们成功将农产品推向品牌化道路，显著提高了农产品的市场竞争力。这些积极行动不仅为农户们带来了可观的经济回报，还为榕江县农产品品牌建设奠定了牢固基础。

三、数据流：网络流量攀升，提升品牌知名度

“村超”的一大流量效应可以总结为“线下带动线上，线上反哺线下”。前者表现为，在这片充满活力的乡村足球场上，每一次精准的射门、每一声激昂的欢呼，都会迅速转化为庞大的数据流，在互联网平台上掀起一波又一波的关注和讨论热潮。“村超”现场的观众通过社交媒体分享比赛的精彩瞬间、乡村的淳朴风情，形成了一股自下而上的口碑传播力量，进一步推动了线上流量的爆炸式增长。后者表现为，通过抖音、快手等短视频平台，以及微博、微信等社交媒体，“村超”赛事的网络流量迅速攀升。这股网络流量热

潮为“村超”带来了更多的曝光度和关注度，吸引了越来越多的游客到线下进行现场观看，进而为榕江县的旅游业、农业、餐饮业等带来了更多的潜在客户和商机。

当然，“村超”的流量效应不仅限于线上线下的互动，往更深远的方面看，它成为推动地方经济发展的强大动力。政府与企业正是敏锐地捕捉到了这一流量红利，共同打造传播生态，形成了传播生态链反哺经济的新模式，实现了线上效益与线下效益的双重转化。例如，贵州某公司借助“村超”的火爆，将非遗蜡染与“村超”的名场面融合创新，制作出了系列产品，其中“倒拌金钩”T恤在线上供不应求；同时，该公司还生产胸针、钥匙扣等蜡染系列的文创产品，销售额实现大幅增长。

“村超”现象所引发的流量效应，不仅展现了体育赛事在现代经济社会中的巨大影响力，而且成功串联了人流、物流、数据流等，实现了资源的全面整合与优化，进而带动餐饮、住宿、旅游、农产品销售等蓬勃发展，为我们揭示了流量变现与经济发展相结合的新路径，也为乡村振兴和文化传承提供了新的思路和方向。

第二节 “村超”流量的变现之道

在了解“村超”引发的流量效应后，我们进一步探究：一些地区或城市 IP 虽然也坐拥流量，却未能有效变现，或未能实现真正意义上的价值转化；反观“村超”，不仅汇聚了海量流量，更借此解锁了新的经济增长极，成功实现了商业价值的变现。这不禁令人深思：流量变现的必要性及其路径何在？

第一，流量变现的必要性毋庸置疑。这一点在“村超”中得到了充分验证。“村超”的火爆程度不仅体现在赛事本身，更在于其带来的巨大流量和随之而来的经济效应，这为流量的价值转化提供了生动例证。进一步而言，流量意味着关注度，关注度则能转化为消费动力，进而拉动经济增长，这是市场经济法则下不言自明的逻辑。换言之，流量是经济发展的新燃料，是推动社会生产力跃升的重要力量。再者，从更深层次讲，流量变现不仅是对资源的有效开发，更是对城市品牌影响力的塑造与提升。通过精准的流量运营和变现策略，城市能够向外界展示其独特的文化魅力和经济实力，进而增强自身的吸引力和竞争力。因此，流量变现不仅是经济行为的必然结果，更是城市品牌建设不可或缺的一环。

第二，如何实现流量变现？在这里，我们将细致剖析“村超”流量变现背后的经济逻辑和运行机制，以期为其他城市与地区提供一些可借鉴的经验和启示。

一、“村超”流量背后的经济转化逻辑

要想探索如何将“村超”这一村级足球赛事的流量转化为地方经济的“增量”，首要任务是梳理并归纳流量变现的初步尝试及其所

遭遇的挑战。

面对“村超”所带来的巨大流量，榕江县政府展现出敏锐的市场洞察力与行动力。他们不仅迅速识别出这一流量背后的经济潜力，而且在“村超”兴起前就已提前布局，着手进行流量变现的初步探索。自 2022 年起，当地政府便开始筹备成立榕江县超媒体产业园（二期），旨在教会村民如何运用新媒体工具跨越数字鸿沟，算好深层次的“经济账”，为乡村振兴贡献力量。这一前瞻性举措为未来可能出现的流量高峰做好了充足准备，便于将流量高效地转化为实实在在的经济效益。

在个人与企业电商纷纷入驻新媒体产业园（一期）多年的基础上，二期园区“村超”主题更加鲜明，“我爱村超”的标语随处可见。这不仅彰显了园区对“村超”IP 的深厚情感，更展示了其将“村超”IP 与直播带货模式深度融合的决心。通过新媒体平台，村民们开始尝试将当地的特色农产品与“村超”IP 相结合，进行直播带货。这种创新的销售模式不仅提升了农产品的知名度与销量，更在一定程度上实现了“村超”流量的变现。

然而，流量变现并非一帆风顺。“村超”IP 正面临着代言人欠缺、培养后追踪管理乏力等挑战。这导致了一些潜在商业机会的流失。此外，虽然当地新媒体运营主要通过短视频、直播的方式展示方法工艺，且米面粮油等农产品的营业收入增多，但“村超”相关流量仍面临着难以变现、无法现场直播卖货等实际问题。这可能是由于赛事本身的性质与直播带货的契合度不高，或是现场直播的环境与条件限制了带货效果。

由此可见，将“村超”流量转化为经济“增量”的底层逻辑并非简单的流量变现过程，而是一个需要政府、企业与社会各界共同努力，克服重重挑战，不断创新与探索的复杂过程。因此，面对当前的困境与挑战，榕江县政府应当加强与高校、科研机构及相关企业的合作，共同在旅游规划、产品设计、人才培养等领域开展深入研究和实践。通过优化策略、加大投入，榕江县政府可以更有效地推动“村超”流量的最大化利用，实现经济效益的最大化，从而为乡村振兴注入新的活力。

二、“村超”流量变现的运行机制

要想实现真正的流量变现，我们必须深入理解其运行机制，这是将潜在价值转化为实际收益的关键所在。具体到“村超”这一案例，其流量变现的运行机制主要围绕以下三方面展开。

1. 赛事引流，旅游消费变现

作为乡村足球赛事，“村超”通过免费开放观赛，吸引了大批观众前来榕江县现场观看，为当地带来了庞大的客流量。尽管“村超”赛事本身并不直接产生收益，当地为此还提供了大量配套公共服务，但这并不妨碍“村超”展现出其巨大的经济价值。这些观众在享受精彩比赛的同时，也被榕江县丰富的旅游资源深深吸引。因此，榕江县巧妙地利用“村超”这一超级 IP 所带来的流量效应，成功将观众转化为游客，进而实现旅游消费的变现。这种“以赛引客，以旅促收”的流量变现机制，不仅为榕江县带来了直接的经济收益，更促进了当地旅游业的发展和相关产业的繁荣，最终形成良性互动与循环。

在此背景下，榕江县深刻认识到，“村超”所追求的并非一时的爆红，而是持续稳定的客流。这种长远的发展眼光，使得榕江县从贵州这一旅游大省中脱颖而出。据界面新闻报道，因“村超”的带动效应，此前相对默默无闻的榕江，现在在贵州旅游版图中已占据了一席之地。同时，榕江县民宿的平均入住时长为 1.2 天，这表明游客大多选择在当地度过一晚，这样的选择既符合短途出游的特点，也体现了当地作为长途旅行的一个中途休憩站的便利性。此外，榕江县还吸引了周边地市的游客前来度过周末或短假期。例如，一位来自广西桂林的游客在端午小长假期间，由于榕江距离桂林仅 1 小时高铁车程，且当地拥有丰富的旅游资源，如苗寨、侗寨以及精彩的“村超”赛事，便选择了将榕江作为短途出游地。

综上所述，“村超”的第一大流量变现机制，是通过赛事吸引流量，并结合地方特色旅游资源，打造独特的旅游品牌，从而实现流量变现与经济发展的双赢。

2. 人才集聚引流，就业增量变现

城市与经济发展的精髓在于聚人，人才的汇聚能够激活并整合各类资源，推动其优化配置，进而催生出更多的发展契机，并构建

起一个良性循环的发展生态。

在“村超”现象级流量的带动下，人才更是成为榕江县发展最为关键的要素之一。

2023 年，榕江县敏锐地抓住了“村超”流量带来的机遇，聚焦就业这一民生之本，将“村超”作为打造就业岗位的平台、带动间接就业的引擎，通过不断延伸“村超 +”产业链条，如发展体育旅游、开发赛事衍生品等，成功拓宽了就业渠道，实现了就业岗位的多元化增长。尤为值得一提的是，榕江县巧妙利用“村超”流量，创新性地举办网络直播带岗活动，吸引了大量求职者积极参与，形成了显著的人才聚集效应。此举不仅促进了本地人才回流，还吸引了外地求职者的目光，极大地扩展了就业市场。紧接着，这种聚集效应又进一步吸引了更多的外部资源、资金、技术等关键要素进入榕江县，从而提升县域经济的整体实力，为榕江县创造出更多的就业机会和经济增长点。

在此基础上，榕江县深知如何将就业增量转化为实际效益，如提供创业扶持资金，鼓励“村超”相关小微企业孵化；举办职业技能培训，提升居民就业技能；优化营商环境，吸引外部资金和技术投入等。这些举措不仅促进了劳动力市场的繁荣稳定，还推动了县域经济的转型升级，最终实现了“村超”流量向经济效益和社会效益的高效转化。

综上所述，“村超”的第二大流量变现机制，是通过人才聚集与就业增长的双轮驱动，推动县域经济的高质量发展，成功实现从流量到效益的华丽转变。

3.“烟火气”引流，消费场景变现

在贵州榕江县，“村超”正以其独特的“烟火气”成为推动地方经济增长和发展的新亮点。这股浓郁的“烟火气”在消费复苏的浪潮中尤为引人注目，特别是在当前“拼经济”的背景下，其重要性愈发凸显，展现出难以替代的价值。

首先，“村超”是一次深入民心、连接大众的盛会。它以市井街巷中特有的“烟火气”，即“村超”所带来的热闹氛围、浓厚的人情味以及那份贴近生活的真实感为纽带，将广大民众的心紧紧相连，形成了一种强烈的社区归属感和集体认同感。而这份“烟火气”不仅仅是一种情感上的联结，它还蕴含着更深层的经济意义。作为社会活力的象征，“烟火气”也是衡量经济自由度的一把另类标尺。在“村超”赛事的举办过程中，我们可以清晰地看到地方经济活力的显著释放与民众参与热情的空前高涨。这种自下而上的经济活力，正是经济自由度的一种直观体现。民众在“村超”中自由参与、自由表达，享受着乐趣与满足感。这种自由参与的氛围，不仅增强了民众的凝聚力和向心力，更为榕江县经济体系的健康发展注入了源源不断的活力。换言之，当经济活动能够充分尊重民众的意愿，让民众在参与中获得满足感时，整个经济体系也将更加健康、更加有活力地运行，从而推动地方经济的持续发展。

其次，对城市发展而言，“村超”的“烟火气”更是榕江县经济的“精气神”。与一些大型城市建设项目相比，“村超”所展现的市井活力更加丰沛且多元，为榕江县赋予了独特的人性化魅力和蓬勃的生命力。这种活力不仅仅体现在经济活动上，更深深植根于人与人的关系之中。例如，当游客前来榕江县参观“村超”赛事、旅游消费时，他们不仅能感受到“烟火气”带来的情绪价值，如热闹、欢乐和归属感，还能在这一过程中强化社交联络，满足深层次的社交需求，如友谊的加深、文化的交流等。数据显示，作为一项业余赛事，观看足球比赛的观众仅占三成，而观看民族文化的观众则达到了一半。也就是说，无论是线上还是线下的观众，他们关注的不仅仅是足球本身，更多的是那份热闹、那种“好玩”的感觉，以及群众体育、全民参与和多彩文化的氛围。

最后，为了存续这一珍贵的“烟火气”，榕江县巧妙地将其与消费场景相结合。在“村超”赛事期间，榕江县在足球场周边精心布局了特色商业街区，如“村超美食小吃一条街”等，将传统小吃、手工艺品、足球文化等元素巧妙融合，打造出一个集观光、休闲、消费于一体的综合性消费场景。这一独具本地特色的消费场景不仅为游客提供了丰富的购物和娱乐选择，还成为展示榕江文化和特色的重要窗口。

综上所述，“村超”的第三大流量变现机制，是以“烟火气”为引领，成功打造综合化的消费场景，并通过多元化的运营模式，实现消费潜力的有效挖掘、释放与变现。

第三节
“村超”流量如何变持久“留量”

“村超”的流量变现虽已初见成效，但对于脱贫不久、发展资源相对不足的榕江而言，如何将这一势头持续下去，避免“昙花一现”的结局，确保流量的可持续变现，成为考验其推动发展能力的一道必答题。

具体而言，榕江县目前仍面临诸多挑战：一是“村超”举办地的消费场景尚不够丰富，缺少多样化的娱乐项目，缺乏能够吸引并留住游客的“利器”，导致不少游客以现场观赛、品尝美食为主，难以长时间驻足；二是由于“村超”具有季节性特征，榕江县的消费市场呈现出明显的淡旺季差异，这使得投资者顾虑重重，望而却步；三是在品牌运营和文化旅游产品创新上，榕江县还面临人才短缺和资金匮乏的双重困境，难以形成持续的竞争优势。因此，“村超”该如何破局，将短期流量转变为持久“留量”，成为榕江县亟须攻克的核心课题。

一、专注“村超”本身是关键所在

回顾“村超”的发展历程，我们可以看到，“村超”持续走红，最根本的原因在于，“村超”有着独属于自身的特质——“村超”

赛事具有乡土味、草根性；从本质上讲，“村超”仍属于乡村赛事范畴，这意味着，“村超”要围绕体育内容深耕，要凸显本地特色，特色越鲜明，其生命力越旺盛。因此，专注于“村超”赛事本身，是挖掘其市场价值和产业潜力的关键所在。赛事不仅是“村超”流量的源泉，更是连接乡村与城市、文化与经济的桥梁。“村超”赛事的延续，将给榕江县带来持续稳定的流量，对于保持地方吸引力具有重要意义，也为体育文化活动赋能乡村振兴奠定了基础。保持“村”味不变，确保赛事不断线，是“村超”持续发展的基石。

榕江县在这一领域已经迈出了坚实的步伐。通过举办第一届贵州“村超”“一带一路”国际友谊赛暨贵州—粤港澳大湾区“村超”足球友谊赛、“村超”全国女子足球友谊赛、“村超”全国青少年足球友谊赛等系列赛事，榕江县坚持共建共享、开发合作，不仅提升了“村超”的品牌影响力，扩大了足球“朋友圈”，更确保了赛事的常态化和专业化。这些赛事的稳定流量，如同涓涓细流汇聚成海，最终转化为持久的“留量”，从而推动“村超”高质量发展。

然而，赛事的延续并非易事。针对“村超”赛事本身，榕江县还需要破解季节性难题。比如，利用榕江县丰富的自然资源和独特的人文环境，开发滑雪、温泉、民俗体验等冬季旅游产品，以填补淡季市场的空白，丰富游客的旅游体验，延长旅游产业链；在“村超”品牌的基础上，推出“榕江文化旅游节”“榕江美食节”等全年性旅游活动，形成全年无淡季的旅游发展大格局，进一步提升榕江县的旅游吸引力。

此外，人才是“村超”流量转化必不可少的重要元素，榕江县还需要在这方面做出努力。比如，政府可通过政策引导和市场机制，引进一批具有丰富经验和专业技能的旅游、文化、体育等方面的人才，为“村超”的可持续发展提供智力支持；还可让在“村超”赛事中表现突出的“流量王”成为乡村土产品的代言人，以便为民族工艺品、特色农产品等聚集人气，促进三大产业融合发展。

二、放大“流量”红利还得做足场外功夫

“村超”给了榕江改变“养在深闺人未识”状态的机会，但打铁还需自身硬，产品能否被消费者接纳，关键还得看质量和服务，“如果质量不过关、服务水平跟不上，最终可能会被流量反噬”。由此可见，“村超”赛场外的功夫更考验能力。如何让“村超”的火爆不再只是短暂的辉煌，而是成为榕江县持续发展的强劲动力，是榕江县必须认真作答并付诸实践的课题。

一是在铸牢民族共同体意识上持续发力。榕江县有 16 个少数民族，“村超”的出现，能更好地将各村寨联系起来。通过“村超”，我们看到了传统民族文化与现代体育精神的和谐共生。这种创新表达不仅丰富了赛事的内涵和形式，也展现了民族文化的多样性和包容性。它告诉我们，民族文化并不是静止不变的，而是可以在与现代元素的融合中不断创新和发展的。在“村超”的球场上，侗族大歌、芦笙歌舞、摆王木鼓舞、少儿体操、唱跳多耶等民族特色表演轮番上演，恰是“像石榴籽一样紧紧抱在一

起”的生动演绎。因此，榕江县要以“村超”为媒，各民族文化为根，通过更多沉浸式、体验式和互动式的民族展演活动，促成各民族更广泛、更全面、更深度的交往，进而增进各民族之间的深厚情感，画出更大的同心圆，铸牢中华民族共同体意识，书写民族大团结的时代画卷。

二是在融合发展上下功夫。积极探索群众体育活动与当地特色产品及文化旅游活动的深度融合之道。通过将赛场转变为产品展示的秀场，并利用赛事带来的高流量效应，可以提升当地产品的知名度和影响力。同时，加强赛事本身与周边区域的协同发展，实现相互引流，让观赛成为游客体验榕江不可或缺的一部分，从而打造出赛事与旅游共同繁荣的双赢局面。打造体旅融合新名片，将“村超”赛事纳入榕江县的旅游产业发展规划之中。通过开发多样化的旅游产品，如周边一日游、县域畅游、省州深度游等，为游客提供丰富多样的旅游选择。同时，巧妙整合山地体育、民族运动、美食餐饮、户外休闲等元素，精心打造出具有榕江特色的文体旅路线，以吸引更多游客前来体验。

三是在质量提升上下功夫。产品的持久魅力源于其过硬的质量。消费者愿意为产品买单，最根本的原因在于产品能够精准满足他们的需求。因此，榕江县应高度重视产品质量，不断提升服务水平，确保每一位消费者在购买、游玩过程中都能享受到卓越的品质体验。只有这样，才能赢得消费者的信赖和口碑，使产品真正经得起市场和时间的考验。

四是在环境改善上下功夫。群众体育流量转化为拉动消费、促进发展的增量，离不开众多经济实体的有力支撑。为此，榕江县需要双管齐下：一方面，要致力于打造优良的营商环境，通过金融扶持、税收优惠等政策手段，激发群众的创新创业热情，确保企业能在无忧的环境中专注于生产，从而催生出更多高品质、高质量的产品与服务；另一方面，必须依法打击各类违法行为，坚决维护市场秩序的健康稳定，切实保障消费活动中每一位参与者的合法权益。

三、打造持久的消费动能才是王道

榕江县在“村超”赛事带来的流量红利面前，正面临如何将这股短暂热度转化为持久消费动能的重大挑战。“村超”给当地发展带来的影响是系统性的，如何将热度引导到促进消费上，让“村”味比赛的流量变成推动“黔货出山”的增量，让“一时火”变“一直火”，是一篇需要绵绵用力才能写好的大文章。对此，无论是榕江县政府还是当地民众，都必须在思想上实现根本性转变，将推动产业转型升级作为首要任务，通过不断丰富旅游产品供给，全面优化游客体验，以满足游客日益多元化的需求。这一转变不仅要求我们在吃住行游购娱等传统领域做足文章，更需紧跟时代步伐，运用新技术、新思维，开拓新的增长点。具体措施包括：

（1）发展乡村旅游：依托“村超”这一金字招牌，深入挖掘乡村旅游资源，开发具有地方特色的农家乐、民宿、采摘园等项目，让游客在享受足球赛事的同时，也能体验到乡村生活的独特魅力。

（2）举办系列活动：在“村超”赛事期间，精心策划音乐节、美食节、文化节等一系列丰富多彩的配套活动，为游客提供更多元化的娱乐选择，同时提升游客的参与度和体验感，延长其在榕江的停留时间，从而促进消费持续增长。

（3）强化数字营销与智慧旅游：充分利用大数据、云计算等现代信息技术手段，精准分析游客偏好，实施个性化营销策略。同时，开发专属 APP（应用）等智慧旅游平台，为游客提供赛事信息查询、旅游路线规划、在线预订等一站式服务，提升旅游服务的智能化水平，增强游客黏性。

随着人们生活水平的日益提升，体育运动已成为满足群众美好生活需要的重要组成部分。通过足球场内外的紧密联动以及多项综合措施的有效实施，榕江县可以将“村超”带来的流量与周边县域、全国乃至全球共享，让“村超”回归足球本身，努力把“村超”打造成全国人民的“村超”。唯有如此，“村超”才能持续发光发热，由短暂的“一时火”转变为长久的“一直火”。

| 第五章 |

“村超”商业模式探索与复制性分析

“村超”在让人们体验真正纯粹的足球快乐之余，还凭借其独特的魅力，激发了乡村经济的无限活力。这一现象不禁发人深思：“村超”这样的成功范例，能否被复制到大江南北，在中国广袤的乡村大地上遍地开花？为此，我们需要探寻其内在的商业模式，透彻把握“村超”成功的内在动因和核心要素，为全国其他市县提供一种值得借鉴的解题思路。

第一节
“村超”商业模式

“村超”的成功奥秘是当地政府在深入贯彻乡村振兴理念的基础上，创造性地将文体与产业商业相结合，形成了既富有时代潮流性质又极具本土特色的“村超+”模式。具体而言，“村超”已形成了集体育、文化、旅游于一体的新型商业模式。不难发现，榕江县以球赛为引，通过“村超”连接文化、旅游、农业等不同领域，实现榕江当地的全方位融合共生发展。“村超＋”模式作为该商业模式的核心架构，发挥着举足轻重的作用。与此同时，“超经济”模式也是“村超”商业模式中的另一大亮点。

一、“村超＋”模式

“村超＋”这一创新模式，是依托“村超”赛事而构建的，它巧妙整合了各类资源和服务，以赛事为引擎，驱动乡村旅游、餐饮、住宿、文创等多产业协同发展，打造了一种全新的商业生态。

在这个商业模式中，一个简单的数学符号“＋”蕴含着深邃的意义。众所周知，“1”是单独的个体，但在“1 + 1”的融合中，单独个体能融合升级成更大数字，成就“1+1 > 2”的效果。在“村超＋”的商业模式中，“＋”作为融合与升级的象征，代表着不同领域、不同资源、不同文化的深度交融，共同为乡村经济的多元化发展和乡村振兴战略的推进贡献力量。

“村超＋领域融合”是该商业模式尤为显著的创新，它打破了传统足球赛事的单一格局，为乡村经济带来了新的增长点。

以足球赛事为核心，吸引体育爱好者前来观赛。同时，结合乡村的旅游资源，为游客提供了观赛与旅游相结合的双重体验，拓宽了旅游市场的边界。此外，通过展示农耕文化、手工艺文化等乡村特色文化，为农产品赋予了更多的文化内涵，使农产品不再是普通单纯的商品，更成为文化传播的载体，促进了农业产品的销售。体育、旅游、文化、农业等多个产业协同发展，助推产业链的延伸和拓展，还为乡村经济带来了前所未有的发展机遇。

“村超＋文化融合”更是悄无声息地将榕江县的特色文化糅合到“村超”中。榕江有多个少数民族聚居，拥有丰富的民族文化和独特的民俗风情。借助“村超＋”模式，这些宝贵的文化资源得以被充分挖掘和展示，与足球赛事相结合，为观众带来了一种别具一格的文化享受，形成了一种别具风味的文化体验。

为了让观众更好地感受到这份别样的风土人情，参赛球队所在村庄的村民们从球员们的兄弟姐妹、亲朋好友及同乡邻里化身为“村超”啦啦队的成员。他们肩挑着村里自产的西瓜，手捧着竹编簸箕盛装的糕饼，比赛时，热情地为自己村的队员们呐喊助威。中场休息时，他们便为观众尽情展示当地人传统的芦笙舞表演。

在“村超”的赛制框架内，民族元素的融入不仅是对传统文化的致敬，也是出于对民族文化交融的深远考量。“村超”中“民族”与“现代”的碰撞，与其说是“交锋”，不如说是“相互辉映”，共同编织出多元文化交相映衬、和谐共生的画卷。同时，它也为乡村经济带来了新的增长点，吸引了更多对民族文化充满好奇的游客慕名而来，推动了乡村旅游和文化产业的繁荣发展。

“村超＋团结精神”铸就了榕江县的民族精神底蕴，搭建起民族团结的桥梁。“村超”之后，孩子们心中被播种下了民族团结的种子。

“村超＋”以体育为媒介、文化为灵魂、民族交融为纽带，共同搭建民族团结交往、交流、交融的“三交”大舞台。通过“村超＋”的经济模式，榕江县深挖民族特色资源，大力发展特色产业经济；同时，推动文化旅游深度融合，带动地方经济繁荣；此外，还加强了经贸合作交流，拓宽了经济发展的渠道，共同绘就民族团结与经济发展并驾齐驱的新篇章。

二、“超经济”模式

“村超”所带来的经济发展是显而易见且成效斐然的，其引发的商业经济模式被称为“超经济”模式。而《光明日报》在其深度调研报告中，更为其赋予了一个充满使命感的称号——“超能经济”。这一称号寓意着这一模式蕴含着超越传统、激发潜能、驱动发展的强大经济动力。

贵州的“超经济”模式在当前的经济背景下能脱颖而出，助力榕江经济展现出蓬勃生机与活力，其根本在于榕江县领导展现出了出色的社会治理才能和社会治理智慧，他们具有远见卓识，将经济发展的重心聚焦于一个关键词，那就是“激活”。

在“村超”的框架中，“激活”意味着以足球为媒介，激发乡村的内在潜力，促进资源的高效优化配置，增强市场的生机活力，进而引领整个乡村经济的全面繁荣发展。这种激活，不仅体现在经济指标的快速增长上，更深刻地体现在乡村文化的传承发扬与群众内生动力的激发、乡村社会治理不断优化以及经济多元提升等多维度上。

1. 抓住群众这一“牛鼻子”，激发群众内生动力

有群众聚集的地方才能形成村落，有村落的地方必定有群众的身影。群众作为乡村建设的主体、治理者和受益者，是乡村振兴的关键所在。榕江县政府正是洞察并深刻意识到这一乡村发展的关键点，因此在举办“村超”赛事时，始终坚持从群众出发、群众至上的理念，坚决为群众创造其向往的美好生活，提升群众幸福指数，凝聚群众向心力。

而广大群众也积极响应参与，给予了“村超”广泛坚定的支持，造就了“村超”的辉煌。在“村超”热烈氛围的熏陶下，村民们不再只是足球比赛的局外人，相反，他们成为球队队员、啦啦队队员，同时还精心编排文艺节目，为赛事增添了浓厚的乡土气息和独树一帜的民族特色。这种全民参与的模式，不仅点燃了村民们的热情，激发了他们的创造力，还增强了他们对村落的归属感和身份认同感。

此外，“超经济”还对乡村社会治理产生了深远影响。赛事的举办如同一根系紧的纽带，将村民们紧密相连，增强了村民的团队精神和向心力，提升了村民乡村共建自治的管理意识和参与热情，为乡村社会的和谐稳定奠定了坚实的基石。在赛事筹备期间，村民们

需要加入到赛事的策划、组织、执行等各个环节，这使他们学会了团结协作，学会了在面对困境时相互支持。这种共同奋斗、共同努力并共享成果的经历，让他们更加珍惜彼此之间的情谊，也更加愿意为家乡的发展贡献自己的力量。

龙泉井村啦啦队队员龙成勇对此颇有感触：“自从有了‘村超’，大家的凝聚力更强了，晚上大家自觉聚起来为自己的球队排练舞蹈、策划加油方式，打麻将的人少了，有些闹过矛盾的邻居，一起排舞一起搞啦啦队，那矛盾也自然而然地化解掉了。”这无疑是对“村超”在乡村社会治理优化方面的生动诠释。

2. 挖掘资源潜力，推动多元经济发展

榕江县依托“村超”品牌影响力，深入挖掘“村超”赛事的市场价值和产业潜力，聚焦旅游“超好吃”“超好住”“超好行”“超好游”“超好购”“超好玩”六要素，大力发展“超能经济”。

“超好吃”不仅在于其种类丰富，更在于其味美如饴。其中，色香味形俱全的榕江卷粉，柔滑弹润的米皮里包裹着新鲜爽口的菜丝或鲜香四溢的肉末，淋上一层酸辣开胃的蘸料。咬上一口，酸辣的酱汁与弹嫩的米皮、丰富的食材在舌尖迸发出火花，带来味蕾的享受。色香味形滋养一体的“百草汤”，选用本地小黄牛，加入“棰油籽”烹饪，除了香气浓郁、回味鲜香外，还有无可比拟的药用价值。“超好住”则为游客打造了舒适的住宿环境。除了商务酒店外，富有民族特色的民宿、客栈等住宿设施如雨后春笋般涌现，

为游客提供别具一格的住宿体验。“超好行”是指不断完善交通设施。构建以铁路和高速公路为主的交通枢纽，辅以国省干道、县乡公路的交通网，方便游客进出榕江。同时，在榕江县城内实施精准化管控，盘活数据资源，实现科技赋能，重点整治压降事故，保证游客出行更顺畅、更智慧、更安全。“超好游”方面则为游客贴心地准备了详细的旅游攻略，丰富的旅游线路和景点，让游客流连忘返。当地农特产品如香甜多汁的脐橙、酸甜可口的百香果等通过电商平台，一箱箱走向全国，为“超好购”添砖加瓦。各种民俗非遗文化活动和娱乐设施让游客尽情享受欢乐时光，沉浸感受榕江的“超好玩”。而这六大要点共同推动农文旅体商多产业、多业态融合发展。

同时，“村超”的热烈反响，还有力促进了当地资源的优化配置和高效利用。贵州本土数字货运平台满帮集团的数据显示，赛事的蓬勃兴起带动了大量生活物资通过平台由外地运入榕江，为当地的经济发展注入了活力。

“村超”还通过线上效益转化和线下效益转化的双重效益转化等方式，实现了资源的互联互通与共享共赢。线上方面，“村超”品牌公司匠心独具，推出了一系列与“村超”紧密相关的特色产品，如“村超”可乐、“村超”杨梅汁等，这些产品通过电商销售平台走向全国，极大地拓宽了当地产品的销售渠道和市场空间；线下方面，“村超”场外的美食街、夜市经济等业态蓬勃发展，新增市场主体和招商引资项目接踵而至，为当地经济注入了强劲的增长动力。

在“村超”商业模式持续革新与发展的同时，其深远影响已逐渐渗透到乡村经济的每一个角落。在“村超”的带动下，当地群众享受到了更加丰富多彩的文化生活，这一变化不仅仅是表面上的热闹，更实实在在地转化为了群众手中的真金白银——他们获得了更多的就业机会和增收渠道，无论是投身赛事服务、开设民宿餐饮，还是销售自家农特产品，都成为他们增收致富的新途径。

群众所追求的生活品质得到显著提升，幸福感也随之油然而生。这正是“村超”所有经济模式的最终落脚点——惠及民生，让老百姓切实享受到福祉。

更重要的是，“村超”的成功为当地的乡村振兴提供了宝贵的实践与探索经验。它有力地佐证了通过创新和发展，乡村经济同样可以焕发出勃勃生机与无限潜力。这种激活乡村经济新动能的创新模式，不仅为榕江县的发展注入了新的活力，也为其他地区的乡村振兴提供了有益的借鉴和启示，为中国的现代化建设贡献了乡村力量。

第二节
打造“去商业化”的“烟火气”消费场景

想要以“村超”为纽带，连接文化、旅游、农业等不同领域，实现榕江当地各方面融合共生发展的核心在于，打造“去商业化”

的“烟火气”消费场景。

然而，合理“去商业化”并非完全摒弃商业活动，而是旨在减少商业活动的功利性，减少对商业氛围的过度渲染，将商业活动融入更广阔的日常生活、文化传承、自然环境等多元领域中，倡导商业活动与民众实际需求和生活方式的和谐共生模式。

在当今这个商业信息泛滥的时代，各种商业活动层出不穷，人们常被铺天盖地的广告、促销和功利性的商业气息所笼罩。然而，“村超”却以“去商业化”为核心理念，为乡村体育竞技注入了新的活力，同时也让大众深切感受到了那份质朴的浓浓“烟火气”。

在“村超”赛事中，合理的“去商业化”的理念得到了淋漓尽致的体现。赛事组织者们深知，过度的商业氛围会侵蚀乡村足球的纯粹本质，因此他们巧妙地将商业元素置于次要位置。没有企业赞助，就没有商业广告的干扰；没有门票收入，就没有功利性的压力。这样单纯的赛事环境，让球员们能够全神贯注于比赛本身，享受足球带来的快乐，同时也让观众能够更加纯粹地欣赏比赛，领略乡村足球的独特魅力。这种对纯粹体育精神的坚守，正是“村超”赛事“去商业化”理念的核心所在。

当然，完全“去商业化”是难以维持“村超”的长盛不衰的。合理“去商业化”去除的是功利性，未被去除的商业化便是要为民谋利。为此，在“村超”赛事之余，商业元素以更加自然、更加贴近生活的方式融入活动中。赛事期间，赛场周边灯火通明，“地摊经济”蓬勃发展，村民自己的小摊位错落有致，吆喝声此起彼伏，烟火气息扑面而来。村民们和游客们围坐在一起，品尝着烤玉米、炸洋芋、糯米饭等地道的乡村美食，畅聊着家长里短。这种贴近生活的消费场景，正是“烟火经济”的真实写照。在“村超”活动中，“烟火气”不仅仅是一种氛围的营造，更是一种生活态度的彰显和文化传承的体现。它让人们在观赏足球比赛的同时，也能感受到乡村生活的温暖和欢乐。在促进当地经济发展的同时，也丰富了游客的文化体验，使榕江县实现了经济效益与口碑的双丰收。

除了贴近生活的消费场景外，“村超”还通过精彩纷呈的文化表演和互动活动，进一步烘托了“烟火气”的浓厚氛围。在赛事间隙，观众可以欣赏到民族歌舞的瑰丽风采，在载歌载舞中感受浓厚的民族文化气息。同时，还能参与到斗牛、斗鸡、拔河等乡村娱乐项目中，体验乡村生活的无穷乐趣。

值得一提的是，“村超”的“烟火气”氛围浓厚，离不开当地政府的鼎力支持和引导。为了规范并助推“地摊经济”的发展，榕江县政府出台了一系列具体措施。他们不仅划定了夜间经济聚集街区，将县体育馆广场周边人行道、商贸路人行道和县游泳馆周边等黄金地段作为夜间经济临时经营点，还提供了临时免费摊位，为当地村民创造了良好的经商环境，极大激发了市场活力。

在规范化管理方面，榕江县政府制定了《关于进一步加强全县食品摊贩管理的实施方案》，通过强化跨部门的协同共治，确保了食品摊贩管理的有效性和高效性。政府工作人员主动走近摊贩，对食品摊贩进行详细登记造册，并引导摊贩签署食品安全承诺书，发放《榕江县食品摊贩信息公示牌》，让每一位食品摊贩拥有合法的“经营身份证”，实现了规范化管理。此外，政府还创新运用线上动态监管工作机制，聚焦备案登记、食品原材料贮存、“三防”设施完善等关键环节，为摊贩提供点对点的线上交流指导，帮助他们提升经营质量。

正是得益于“去商业化”的理念和“烟火气”氛围的精心营造，“村超”已蜕变为了一个推动当地经济社会全面发展的综合性平台。通过这个平台，当地村民获得了实实在在的经济实惠，同时，榕江县的文化、旅游、农业等各个领域也实现了深度融合，共同促进了经济的高质量发展，共同绘就了一幅经济高质量发展的壮丽画卷。

第三节 “村超”商业模式能否被复制

在第二章中，我们分析了“村超”获得商业性成功的原因。在体育方面，“村超”以足球为纽带，成功点燃了全民的乡村体育热情，塑造出具有独特魅力的体育文化氛围，吸引了村民的广泛关注和赞誉；在民族文化方面，“村超”巧妙融合多元民族文化元素，展现独特风情，增强文化认同感和吸引力；而在新媒体方面，“村超”借助新媒体平台广泛传播，形成现象级热度，吸引赞助商和游客的目光，为其商业成功奠定了坚实的基础。

那么，“村超”这一成功案例是否存在异地复制的潜力呢？深入探究“村超”商业模式后，我们认为可以从资源条件、消费者的认可度以及融合发展的整体视角着手，来谈谈其他地区复制“村超”商业模式的可能性。

一、资源是前提——开发、利用独有资源

“村超”的成功首先得益于对当地丰富资源的巧妙运用。它依托于榕江县深厚的足球文化底蕴和独特的民俗风情，当地将这些元素巧妙地融入到足球赛事中，形成了独具特色的乡村足球文化。从冠军队伍获得一头牛、亚军队伍获得一头猪的奖励方式，到球场边村民们载歌载舞的庆祝场景，无不透露出浓厚的乡村气息和独特的民俗韵味。被赛事吸引而来的游客，还能品尝到从脐橙、百香果等果类，到香猪、塔石香羊等肉类这一系列独有美食。这些独有的资源，成为“村超”吸引全国乃至全球游客的重要因素。

可见，其他地区若想复制“村超”的商业模式，开发、利用当地独有资源是一切的基础。我国的许多地区都拥有着独特的文化和体育传统，通过富有创意的推广方式，完全有潜力开发出极具吸引

力的特色文化、体育与旅游产品，甚至获得类比“村超”的成功。

例如，浙江省平湖市的徐家埭村选择了棒球这一在国内较为冷门的项目作为特色体育项目进行打造。这是因为，平湖市有大量日资企业、中国台湾地区企业，受日本和中国台湾地区对棒球运动的喜爱和追捧的影响，平湖市的棒球氛围浓厚，但当地缺乏专业场地，想打棒球的人只能在周末开车到上海去打。徐家埭村的村干部们看到了小小棒球背后潜藏的巨大市场，做足市场调研后，这个原本以生猪养殖业为主的传统乡村开始转型升级。

2018 年 11 月，徐家埭棒球基地落成，成为全国首个符合标准的青少年“乡村棒球场”，更是全国不多见的乡村棒球场。2019 年，这里迎来了首场赛事——长三角小鹿联盟棒球赛，这是徐家埭棒球基地的第一次亮相。自那以后，村子里相继举办了超过 30 场的国家级及省级棒垒球比赛，成功升级为中国少年棒球 U10 的训练基地，并赢得了“中国棒球第一村”的美誉。

单一的棒球运动无法长久支撑产业的多元化发展，于是，徐家埭村开始用超越传统棒球思维的方式来拓展棒球产业。2022 年，徐家埭村的“棒球文化体验馆”正式启幕。这里不仅能让访客深入了解中国棒球的历史与现状，还汇聚了各类与棒球相关的体育用品及衍生商品供人选购。此外，体验中心内设置的 VR 棒球体验、室内棒球练习场以及以棒球为主题的电竞项目，让体验者能够尽享棒球运动的乐趣。

棒球的火热还带动了附属经济的快速增长，由于平湖市区的食宿条件无法完全满足日益频繁的人口流动情况，食宿安排已经向外“溢出”到平湖乍浦港区、新埭镇等地。2024 年的全国青少年棒球锦标赛 U10 组大大促进了周边地区旅游业、服务业、零售业等行业的消费。

选择体育项目作为重点优势资源发展的还有海南省文昌市，该市选择了深受当地群众热爱的项目——排球。

相比于“半路出家”的徐家埭村棒球产业，文昌市的排球运动可谓历史悠久。1905 年，华侨从海外引进排球，希望通过排球运动来增强乡民的体魄，文昌的排球活动也随之蓬勃发展。在文昌，排球运动有着广泛的群众基础，文昌乡间有 6000 多个排球场。人们茶余饭后都喜欢打排球，民间还流传着“每一棵椰子树都见证过排球英雄的诞生”的说法，足见排球运动在当地的影响力。

2023 年 6 月 30 日，“九九杯”海南（文昌）乡镇排球联赛首次亮相，当地人将它称为海南“村 VA”（乡镇排球联赛）。赛事吸引了众多排球爱好者和游客的关注，成为当年夏季备受瞩目的全民健身运动。2024 年 6 月 15 日，海南“村 VA”再次启航，自 6 月 15 日在文昌开赛至 8 月 18 日收官，历时两个多月，先后在文城镇、锦山镇、铺前镇、东阁镇等乡镇举办小组赛和决赛，赛事规模进一步扩大。

海南“村 VA”赛事采用多站巡回比赛的形式，围绕“一镇一品”打造流动的赛场集市，为各乡镇提供了展示自身特色和文化的平台。例如，文昌市东阁镇以当地著名的“四宝”——西仔鱼、“良丰”对虾、排海以及沙虫为灵感，组建了东阁镇“四宝”队，通过赛事提升了这些美食的知名度。还联动区域旅游、文化、美食、特色产业等资源，推介乡村美景好物。各镇通过举办配套活动，如汉服体验、设置荷花打卡点等，充分展现当地文化魅力，吸引了大量游客前来观赛和旅游。在赛事期间，当地的人气美食店还会为市民游客免费提供东阁粿仔等当地传统小吃，以带动当地餐饮业的发展。

2023 海南“村 VA”热度持续一个半月，为文昌引流超过 48 万人次，带来 2.8 亿元的收益。2024 年，海南“村 VA”全网总曝光量 6.1 亿次，相关话题总阅读量 2.6 亿次，现场总观赛人数超 70 万，实现旅游综合收入 1.7 亿元。排球对当地经济的带动作用可见一斑。未来，“村 VA”的影响力还将持续提升，为海南乡村体育运动和经济发展打开一扇新的窗口。

而在基于特有资源发展的坚实基础上，更要深刻认识到，仅仅依靠资源本身并不足以确保长久的繁荣与进步。只有将这些资源因地制宜地加以利用，紧密结合当地的实际情况和独特优势，才能激发出资源的最大潜力。

在借鉴“村超”成功模式的同时，其他地区需结合自身实际进行创新性发展。地方政府应深入考察本地资源状况，充分挖掘当地的文化内涵、体育风俗等旅游资源特色。在此基础上，通过创意性的融合与推广，打造出独具地方特色的文体旅游融合产品。

二、戳中消费痛点——牢牢把握消费者心理和需求

深究“村超”的成功，不难发现，其中蕴含着球迷对中国足球那份复杂的感情。

中国足球近年来在国际赛场上的表现不尽如人意，这种现状如同一道难以愈合的伤疤，让众多球迷深感失望与痛心——他们对中国足球的期望与国足现实中的表现之间存在着巨大的落差。然而，这种失望与痛心，并未让球迷们心灰意冷，反而激发了中国球迷对中国足球更深层次的审视与思考。他们内心深处渴望看到中国足球的崛起，希望中国足球能在国际舞台上展现出应有的实力与风采。

所以，消费者支持“村超”，首先就是源于对足球那份纯粹的热爱。在中国，尽管职业足球的发展之路坎坷不平，但足球这项运动仍然拥有庞大的球迷群体和深厚的群众基础，深受广大球迷的喜爱与追捧。“村超”作为一项纯粹的足球赛事，正好满足了球迷们对足球运动的热爱与追求。

除了对足球的热爱，消费者支持“村超”还因为他们对中国足球怀揣着深切的期待与憧憬。“村超”作为中国足球的一部分，承载着球迷们对中国足球未来的美好愿景。他们相信，“村超”的推广与普及，能够让更多优秀的中国足球新星崭露头角，为中国足球

的未来发展奠定坚实的基础。

此外，球迷们支持“村超”，还源于他们对乡村足球的坚定信念。在中国，乡村地区面积广阔，是足球运动的重要阵地之一，拥有广泛的群众基础和深厚的文化底蕴。然而，由于种种因素的制约，乡村足球的发展一直受到一定的限制。而“村超”的出现，为乡村足球的发展提供了更多的可能性。球迷们通过支持“村超”，表达了对乡村足球的认可与鼓励，也为中国足球的多元化发展贡献了自己的力量。

正是基于球迷们对足球的深厚情感，榕江县紧扣这一情感诉求，打造了“村超”这一品牌。通过举办一场场纯粹热烈的足球赛事，展现乡村足球的独特魅力，向外界传递乡村足球的积极形象，赢得了广大球迷的认可和支持。

这种通过精准把握需求痛点而打造热门商业的模式，实际已经在其他县乡取得显著成效。以揭阳市军埔村打造的“电商村”为例。军埔村原本是一个以食品产业为主的自然村落，随着消费者不再局限于单一的线下交易及消费需求的多样化，传统食品加工业萎缩，年轻人纷纷外出务工，村内经济一度陷入凋敝困境。甚至于2011年底，军埔村被列为揭阳市的“问题村”。然而，转机出现在2012年下半年，一群在外闯荡的有志青年将淘宝店开进了村里，在他们的带领下，军埔村很快掀起了一股“电商热潮”。短短两年内，村里涌现出了3000多家的各种网店，开启了军埔村发展电商的转型篇章。

开设网店，实则是对消费者心理的精准捕捉与巧妙迎合。首先，它满足了消费者对于便捷购物的迫切需求。随着时代的不断发展，消费者越来越倾向于线上购物，他们追求的是便捷、轻松、高效的购物体验。军埔村电商街敏锐地顺应了这一消费趋势，通过集中规划电商实体店和快递物流服务，方便消费者轻松实现网店的日常集中化供货和快递收发，极大地提升了购物的便利性。

其次，网店能为消费者提供追求极致性价比的可能。军埔村电商街依托揭阳地区的五金不锈钢、纺织服装等传统优势产业，为消费者提供物美价廉的商品，完美契合了消费者对商品价格和质量的双重追求。

最后，网店满足了消费者对商品日益多样化和个性化的需求。军埔村电商街的网店经营类型丰富多样，从服装到日用品等各个领域应有尽有，为消费者提供了广泛的选择空间。

伴随着消费者对网购需求的持续高涨，军埔村经历了从“一街”到“一村”再到“一圈”的华丽蜕变。起初，为了满足日益增长的线上购物需求，军埔村着力打造了智慧村的主街——智慧大街，这里汇聚了众多电商实体店，为消费者提供了线下体验、线上购买的全新购物方式。

随后，随着电商业务的不断扩展，军埔村逐步形成了电商智慧村的崭新格局。通过集中规划快递物流服务和电商总部，军埔村优化了物流配送体系，提升了电商服务的整体效能，更好地满足了消费者对快速、准确配送的期待。

最终，为了应对消费者对网购多元化、一站式服务的需求，军埔村启动了大军埔电商圈的宏伟规划建设。这一电商圈不仅涵盖了商品贸易的各个领域，还集成了物流配送、融资支持等多功能、多业态的电子商务产业园区，为消费者提供了更加全面、便捷的网络购物体验。军埔村的发展轨迹，正是紧跟消费者网购需求变化，不断开拓创新、升级电商服务模式的生动实践。

在对消费者心理的精准把握与巧妙运用下，2023 年，军埔村已拥有电商企业 221 家、个体户 5157 户、开设网店 1 万余家，成功带动全镇及周边 3 万多家网店集聚发展，取得了从零起步到年销售额超 40 亿元的亮丽成绩。

三、融合发展的大局观——切忌“单兵作战”

地方经济的全面振兴与发展，绝非依靠某单一优势资源单打独斗就能实现。历史的教训与现实的实践无数次证明，唯有树立全局战略发展观念，促进各类资源的深度融合与协同发展，方能汇聚起推动地方经济水平整体跃升的强大动能。

“村超”的成功大家有目共睹，但这也是榕江县在五次失败中坚持不懈、摸爬滚打的成果。在五次失败的尝试中，榕江县深入分析反思，认识到“单兵作战”的局限性。榕江县蕴藏着独特的文化和体育传统，但单一资源的开发很难让地区大放异彩。于是，榕江县将两者巧妙地结合在一起，探索出“大众体育＋民族特色”的发展路径，加上其他“本地基因”的辅佐，最终成就了“村超”的成功，也为榕江县本地的全面持续发展奠定了坚实基础。

榕江县这种全局战略思维和眼界同样适用于其他县乡乡村振兴的发展。西双版纳的橡胶产业也是由“单兵作战”向产业融合发展成功转变的典型案例之一。作为我国重要的橡胶产地，西双版纳曾一度将橡胶产业视为经济命脉。然而，由于西双版纳的橡胶产业长期过度依赖单一资源，生态受损、生物多样性减少、土壤退化等一系列问题频发，不仅没有达到发展的目的，还陷入了“资源陷阱”。

为破解这一难题，让西双版纳的经济找到出路，当地开始从大局出发，统筹规划，促进橡胶产业与其他产业的深度融合与协同发展。

其中，多样化种植成为关键一环。2023 年，云南省林业和草原局等五部门联合出台了《关于加快推进林下经济高质量发展的意见》，明确提出“大力发展林下种植业”。而橡胶农林复合模式主要有“橡胶—可可”“橡胶—香蕉”“橡胶—菠萝”“橡胶—茶叶”等。但并非每种组合都能在兼顾生态效益和社会效益的同时带来良好的经济效益。在此背景下，西双版纳州热带雨林保护基金会与中国科学院西双版纳热带植物园经过近一年半的深入调研和探讨，最终决定在橡胶林下种植可可。这一举措不仅提高了土地利用效率，减少了农药使用，还改善了土壤和水质。

实际上，中国科学院西双版纳热带植物园从2011年开始，就在西双版纳州海拔800米以下的一类植胶区试种可可树，每亩定植45株。按照市场价格保守估算，每亩可可综合收益可达4760元，纯收益能达到每亩每年2000元左右。

同时，西双版纳充分利用当地丰富的旅游资源，着力发展生态旅游、文化体验等服务业。景讷乡凭借其独特的自然优势，成功签约并启动了总投资额达10.4亿元的林下种植与旅游康养融合项目。该项目以森林资源保护和铁皮石斛种植为核心，巧妙地融合特色养殖、度假旅游及傣族文化展示为一体。通过精心建设游客接待中心、观景台等六大板块，为游客提供全方位、多层次的旅游体验。特别是其倾力打造的山水游乐与高端服务产品，如生态放养园、度假树屋等设施，不仅丰富了旅游业态，更显著提升了旅游品质，让游客在亲近自然的同时，也能享受到高品质的休闲度假服务。

景哈乡则另辟蹊径，走出了一条与众不同的道路。它将中药材种植与乡村旅游、研学教育、医疗养生紧密结合，探索出了一条独具特色的生态旅游与文化体验之路。景哈乡依托辖区内丰富的森林资源和橡胶林地优势，因地制宜地规划了中药材种植基地，并通过与企业、科研机构的携手合作，成功种植了砂仁、傣百解、豆蔻等多种名贵药材。在此基础上，该地还积极打造乡村旅游景点，推出了丰富多彩的研学旅行项目，让游客在亲身体验中药材种植、采摘乐趣的过程中，深入了解傣医药文化的博大精深，感受中医药的独特魅力。

在当今这个日新月异的时代，任何单一资源的开发利用若缺乏与其他资源的有效对接与整合，都容易陷入孤立无援的困境，难以实现效益的最大化。无论是“村超”的光彩迸发，还是西双版纳橡胶产业的成功转型，都深刻诠释了地方经济全面振兴与发展的核心要义——树立全局观念，推动各类资源的深度融合与协同发展。只有不断探索创新，立足并充分挖掘本地特色，实现资源的优化配置与高效利用，地方经济才能在激烈的市场竞争中崭露头角，实现持续、健康、高质量的发展。

| 第六章 |

“村超”品牌建设之路

像村超一样出圈：品牌创新与乡村振兴

在榕江县政府的引领和打造下，“村超”已作为一种文化品牌反作用赋能于榕江发展。其火爆出圈已然为榕江县的高质量发展提供了源源不断的动力。这种守正创新的文化产业赋能与国家所提倡的乡村文化振兴完美切合。文化是乡村振兴的重要内容，只有文化振兴，乡村才有凝聚力、精神推动力，乡村产业经济才能长久稳定地持续发展。

榕江县深刻认识到，品牌价值是产业经济发展的灵魂所在。为此，榕江县政府深入探讨研究，借助“村超”带来的强大网络流量，精心策划并执行了一系列有效的品牌塑造与传播策略，以提升其品牌知名度。以文化联动的方式让足球赛事、民族文化、特色美食等融合，打造出独一无二的品牌 IP，实现“村超”品牌价值的持续攀升。例如，以当地罗汉果为原料的“村超可乐”已小有名气，生产的首批 300 万瓶可乐迅速销售一空；新开发出来的“村超”伴手礼、“村超”酒、“村超”电子竞技以及“村超”运动装备等也在不断面市，其中仅“我爱村超”和贵州“村超”T 恤的销量就突破了10万件。此外，蓝染、蜡染、刺绣等传统文创产品作为“村超”衍生IP也备受推崇，当地还顺势建立起新媒体直播电商物流园，通过直播带货销售这些产品。这些元素的交融，使得“村超”不仅仅是一场足球赛事，更成为一个展示地方文化和美食的舞台。

榕江县还着眼于国际视野，致力于打造“村超”国际传播品牌。“村超”品牌走向世界的背后实际上是榕江县的文化经济走向世界。增强国际影响力不能只是品牌名字的“走出去”，更应是品牌背后的文化内涵深入人心。

为了能够实现“村超”的“走出去”，深入“走进去”，榕江县实行了精准国际传播策略，利用灵活多变、生动有趣的多渠道多媒体传播方式，不断提高“村超”的国际知名度。“村超”是以足球为核心打造的文化品牌，榕江县便借助此平台，为不同国家、不同文化群体构建了一个中外“足球 + 文化”的交流舞台，让“体育”“快乐”成为连接世界的通用语言。民族的就是世界的，“村超”所打造的品牌文化是体育赛事与优秀传统民族文化的一场酣畅淋漓的邂逅和大胆融合的尝试，榕江县通过赛场、媒体等渠道自信大方地将民族文化展现在世界的面前，这不仅是优秀民族文化的传承，更是民族文化自信的体现。

讲好“村超”品牌故事，展现民族魅力，弘扬中华民族优秀传统文化，提升中华民族优秀传统文化的国际影响力。这不仅为榕江县的未来争取到更多国际发展资源，更为中国的乡村振兴提供了一份极具借鉴和探索意义的蓝本。

当今社会，品牌已成为连接各方的情感桥梁。“村超”这一源自贵州乡村、饱含地域风情的体育赛事，不仅是我国乡村体育发展的一个典型代表，展现了质量、信誉与文化的有机融合，而且正从单一的赛事蜕变成一个多元化的体育品牌，彰显其独特魅力。

第一节
“村超”品牌管理

榕江县凭借对“村超”品牌管理的深刻理解和精准实施，成功让乡村足球赛事从简单的丰富村民文化生活的足球比赛逐步成长为具有全国乃至国际影响力的品牌赛事。从对商标品牌的悉心培育与保护，到全方位、多维度、多渠道的品牌宣传与推介，再到细致入微的品牌服务指导与支持，榕江县始终深思熟虑，以“三步走”战略为号角，奏响“村超”成为影响广泛的综合性品牌的嘹亮乐章。

一、商标品牌的培育与保护

商标品牌的培育与保护，是构建品牌识别系统不可或缺的一环。为提升“村超”的附加价值，并提高消费者对品牌的忠诚度，榕江县政府从战略高度出发，将商标品牌的培育与保护视为一项长期投资。

1. 商标品牌的培育

在品牌发展的进程中，商标的培育是塑造独特品牌形象和提高品牌识别度的关键步骤。

商标作为品牌识别的核心标识，只有对其进行精心培育，才能增强消费者对品牌的记忆与联想，提升品牌认知度。同时，通过持续的商标打造和培育，品牌能够找准属于自己的独特市场定位，从而增强品牌竞争力。榕江县对“村超”商标的培育工作给予了高度重视，通过一系列措施，成功构建了具有鲜明识别度的品牌标识系统。

商标图形是品牌的象征和记忆点。榕江县积极寻求与第三方设计公司的合作，充分利用其专业设计力量，精心创作了一系列融入榕江地域特色的“村超”商标图形，如“村超”“村 FA”以及富含民族韵味的“牛头图形”等。这些商标不仅深度融合了榕江最具代表性的文化元素，充分展现了当地独特的风土人情和深厚的文化底蕴，还巧妙地结合了现代设计理念，让传统民族文化与当代时尚潮流交相辉映，使大众、媒体等更易于接受和传播。有了这些独具匠心的商标标识，“村超”这一品牌走向未来传播之路的每一步都将更加坚实有力。

此外，榕江县政府还指定专业的投资开发集团——榕江县古州文化旅游投资开发（集团）有限责任公司作为商标的申请主体。这一举措充分彰显了榕江县对品牌建设的重视。通过专业机构的规范运作，确保了商标注册、使用和保护的专业性和规范性。这不仅从法律上巩固了“村超”商标的合法地位和权威性，也为品牌的后续推广解决了后顾之忧。

在商标培育过程中，榕江县还特别注重商标的分类注册工作，旨在构建全方位的品牌保护屏障。截至 2024 年 8 月，国家知识产权局商标局已受理榕江县提交的“村超”“村 FA”“牛头图形”等共计 135 个类别的商标注册申请，并相继下发受理通知书。这一举措将有效防止他人抢注相同或类似商标，为“村超”等品牌的合法权益筑起了一道坚不可摧的防线，确保了品牌价值的稳步提升和长远发展。

在此过程中，榕江县知识产权局也充分发挥了其职能作用，以“村超”商标品牌建设为契机，创新服务模式，为榕江县企业提供知识产权全链条指导服务，意在进一步提升各企业商标品牌的市场影响力和价值，为榕江县的经济发展注入新的创造力和新鲜血液。

2. 商标品牌的保护

榕江县在守护“村超”商标品牌的合法权益上，多管齐下，实施了一系列有力举措。

一方面，榕江县加强了商标执法的力度，对商标侵权假冒行为展开了严厉打击。这不仅强化了内部的监管能力，还积极拓宽了各部门协同合作的渠道，优化了协同合作的方式，通过与市场监管部门、公安部门的紧密协作，共同编织了一张严密的监管大网。这张大网能够迅速捕捉并应对任何试图侵犯“村超”商标权益的行为，确保品牌安全无虞。

同时，榕江县深知打击侵权重在全民参与。为此，榕江县还加大宣传力度，通过推出线上普法视频、开展线下普法活动等方式，提高公众对商标侵权行为的认知水平，鼓励消费者积极举报侵权行为，成功营造了一种全社会共同参与、共同保护商标的良好氛围。

此外，榕江县还注重正本清源，从源头上入手，对商标侵权行为进行了有效遏制。榕江县通过加强对生产企业的监督管理，确保企业严格遵守商标使用规定，杜绝生产及销售任何侵犯他人商标权益的产品。同时，加大对商标侵权行为的惩罚力度，对查实的侵权行为依法予以严惩，有效震慑了潜在的侵权者。

在商标的日常管理和维护方面，榕江县同样不遗余力。他们建立了商标品牌指导站，为县域内的企业提供了一个集信息咨询、投诉举报、法律引导等多功能于一体的服务平台。企业在这里不仅可以方便地咨询商标使用问题、投诉举报侵权行为，畅通自身寻求帮助的渠道，还极大地提升了在商标保护方面的法律意识和实操能力。

为了进一步强化商标管理的实效性，榕江县还不断与时俱进，充分依托现代信息技术手段，加强了对商标使用情况的日常监测和定期评估工作，通过建立健全商标使用监测体系，及时发现并纠正商标使用中的侵权、假冒伪劣等不规范行为。这一系列举措有效维护了市场的公平竞争秩序和消费者的合法权益。

二、品牌宣传与推介

在激烈的市场竞争中，品牌要想崭露头角，关键在于实施高效的宣传与推介策略，使独特的核心价值和自身魅力触动目标群体。榕江县深谙此道，“村超”凭借一系列匠心独运的宣传与推广活动，成功地在全国乃至国际范围内赢得了广泛声誉。

1. 品牌宣传策略

品牌宣传作为提升品牌知名度与影响力的关键途径，对于“村超”而言同样至关重要。榕江县在“村超”品牌宣传方面实施了多元化的策略，构建起了全方位、多层次的宣传体系。

榕江县善于利用多渠道和多平台，构建宣传矩阵，借助传统媒体与新媒体资源的双重力量，将“村超”赛事的每一个精彩瞬间传递给世界各地的观众。在赛事举办期间，榕江县运用“名人效应”进行现场直播和报道，吸引了大量网友的关注和讨论。同时，还通过抖音、快手等短视频平台，发布了大量与“村超”相关的短视频内容，进一步扩大了品牌的影响力。

榕江县还注重与各类官方媒体的合作。除了邀请人民日报、新华社、央视等中央及地方主流媒体对“村超”赛事进行报道和宣传，还接待了英国广播公司、西班牙通讯社、日本共同通信社、京东广播电视台等 20 多家国际媒体的到来，提升了品牌的权威性和公信力，为“村超”品牌带来了更多宝贵的曝光机会。

此外，榕江县创新传播策略，打出“足球赛事 + 民族文化 + 全民参与 + 媒体传播 + 品牌战略”组合拳，开创性地采用“官推民办、群众述事”的口碑传播方式，并积极运用“裂变传播”的手法，动员众多村寨新媒体账号，构建起“主账号 + 子账号”的新媒体传播网络，形成强大的裂变传播效应。这不仅让“村超”在短时间内迅速走红网络，更在消费者心中树立了积极、正面的品牌形象。

2. 品牌推介活动

提升品牌知名度和影响力，品牌推介活动无疑是另一条重要途径。在“村超”品牌推介方面，榕江县巧妙施策，采取了多种措施，成功吸引了众多企业和投资者的关注。

榕江县通过现场招商和品牌授权双管齐下，利用赛事现场的火热氛围，在“村超”现场设立了招商咨询服务窗口和企业会客厅，为前来观赛的企业客户提供一站式的咨询和服务渠道。同时，主动伸出橄榄枝，通过品牌授权合作的方式，主动邀请产业上下游的企业客户亲身体验榕江的独特足球氛围。此举不仅为当地企业搭建了更多的合作桥梁，拓宽了发展空间，也为“村超”品牌注入了更多的商业活力，激发了更多的市场潜力。

榕江县也积极鼓励本地企业投身到“村超”推介浪潮中。通过组织企业参加各类展会、洽谈会等活动，为本地企业提供了展示自身实力和产品特色的宝贵机会，不仅吸引了更多投资者的关注，激发其合作意向，还进一步提升了“村超”品牌在当地乃至更广泛地区的知名度和影响力。此外，通过举办创业创新大赛等活动，激发了本地企业的创新活力和发展潜力，为“村超”品牌的持续繁荣奠定了坚实基础。

榕江县还瞄准国际市场，推动与国际市场的接轨与合作。通过国际球星卡卡、卡纳瓦罗的关注，“村超”的国际影响力和国际声誉飙升，榕江县顺势而为，与国际业余足球队开展交流赛，促进了国际间的足球文化交流与合作。与此同时，榕江县还主动寻求与国际知名品牌的合作机会，共同推动“村超”品牌的国际化进程，为品牌的未来发展开辟了新的道路。

三、品牌服务指导

“村超”走红后，榕江县通过专业的品牌服务指导引领，深入挖掘品牌内核，不断精进品牌策略，在强化品牌服务体系建设和提升品牌价值策略两个维度有独到的见解与实践，以期提升品牌价值，增强市场竞争力。

品牌服务体系的构筑，直接关系到品牌价值的提升与市场竞争力的增强。榕江县正是在“村超”品牌服务方面搭建了一套完善的服务框架，才为品牌的蓬勃发展提供了有力支持。

具体而言，榕江县成立了新媒体产业园知识产权商标品牌指导站，为集聚于此的企业提供一站式质量基础设施服务。例如，指导站定期举办知识产权讲座和培训，帮助企业了解最新的法律法规和政策动态，有效规避知识产权风险。

品牌价值提升是品牌管理的核心目标，需从多维度、多层次入手。榕江县首要关注的是将“村超”品牌与本土特色文化和产业相结合，从而锻造出独具一格的品牌价值体系。

文化与产业的深度融合，为品牌价值提升开辟了独特路径。榕江县深入挖掘和展示榕江的地域文化特色和产业优势，丰富了“村超”品牌的文化内涵，提升了其市场价值。榕江县组织了一系列以榕江特色文化为主题的营销活动，如民族服饰秀、地方美食节等，这些营销活动接连上演，有效吸引了消费者的关注，激发其参与热情。同时，各种文化节庆、农产品展销等活动的举办，将品牌与当地的特色产业紧密联结，形成了相互促进、共同繁荣的良好局面。

榕江县还注重加强品牌形象的塑造和传播。品牌形象的塑造是品牌价值提升的外在体现。榕江县通过设计具有鲜明地方特色的品牌标识系统、制作高质量的宣传资料和广告片等方式，提升了品牌的视觉吸引力和知名度。同时，榕江县还积极拥抱社交媒体、短视频平台等新兴媒体渠道进行品牌推广，与知名网红和博主合作，扩大了“村超”的影响力，拓宽了其覆盖范围。

定期的价值评估和监测也是品牌价值管理不可或缺的一环。榕江县建立健全品牌价值评估体系和监测机制，实时了解品牌价值的动态变化情况，并据此采取相应的措施进行调整和优化。例如，定期委托专业机构对“村超”进行品牌价值评估，根据评估结果调整品牌策略和推广计划，确保品牌价值能够持续稳定增长。这一举措为“村超”品牌的长远发展提供了可持续的保障。

第二节 如何让“村超”IP 长久发展，让“村超”品牌长青

要让“村超”这一品牌提振榕江县经济，助力乡村振兴的宏伟蓝图，仅凭一时的红火是远远不够的，持续深入挖掘品牌价值，深化品牌内涵建设，才是“村超”品牌长远发展的不二法门。

为此，榕江县着手深入挖掘品牌背后的文化意蕴，将“村超”塑造为传承乡土文化、展现乡村人民魅力的标志性符号。同时，榕江县始终秉持人民至上，确保“村超”品牌的发展成果惠及广大村民。在此基础上，政府与企业携手并进，凝聚强大合力，共同推动品牌的发展。不仅如此，榕江县还积极寻求立法和司法的支持，为“村超”品牌的合法合规运营筑起坚实的法律屏障。这一举措不仅保障了品牌的稳健发展，也为品牌的未来奠定了坚实的基础。最后，榕江县坚持长期主义的理念，精心培育、细心呵护“村超”品牌，让其在新时代的浪潮中绽放持久光彩，成为乡村振兴道路上的一颗璀璨明珠。

一、品牌文化价值的深入挖掘

在品牌成长的旅途中，深入挖掘品牌文化价值是铸就独特品牌风貌、巩固品牌价值观的核心所在。“村超”通过不断深化品牌文化内涵，将浓郁的乡土情怀、坚韧不拔的足球精神与多彩的民族文化有机融合，打造出了具有鲜明地域特色和深厚文化底蕴的品牌形象。

同时，榕江县着力强化品牌的核心价值观，凝聚品牌精神力量，塑造了富有强大感染力的品牌价值观体系。团结一心的协作精神，拼搏进取的足球意志，尊重传统、拥抱创新的文化态度，民族团结的核心要求……这些核心价值观的强化，使得“村超”品牌在众多体育品牌中独树一帜，成为传递正能量、弘扬乡村文化的典范。

随着“村超”品牌迅速崭露头角，如何进一步深化品牌文化内涵、增强品牌情感连接成为新的挑战。为此，榕江县积极探索创新之路，深入探寻“村超”的内在精髓。

在提升“村超”品牌影响力的过程中，“互联网＋村超”的品牌 IP 形象塑造策略也发挥了举足轻重的作用。该策略聚焦于“超级星期六”足球之夜这一核心概念，巧妙融合微度假潮流的元素，以足球为核心，打造了一场独一无二的现象级体育赛事活动。

以往榕江县的品牌塑造活动虽颇具民族特色，但受限于地方文化，难以引起广泛共鸣。而“村超”的“超级星期六”足球之夜则巧妙借助了足球这一情感纽带，让国人联想到中国足球的激情与梦想，从而极大地提升了品牌影响力和知名度。

二、打造根植于人民群众的品牌

人民至上，是巩固中国共产党执政基石的关键所在，亦是铸就中华民族现代文明的动力源泉。其内涵之一就是为人民谋幸福，为中华民族谋复兴。在中国共产党的百年历程中，人民至上的原则一以贯之。新时代新征程上，党中央也必将继续把“人民至上”作为根本立足点。贵州全面响应党中央的号召，坚守“人民至上”这一根本立场，将其视为工作的出发点和落脚点。而“村超”之所以能成为建设中华民族现代文明的品牌典范，正因其是一个由老百姓自己闯出的品牌，并在发展的过程中坚持以人民为中心的理念。

“全民参与”是“人民至上”理念最直观的体现。从“村超”的筹备到实施，从队伍组织到赛程安排，从晋级规则制定到经费筹措，每一个环节无一不深刻体现着“全民参与、全民主导、全民主场”的理念，充分彰显了人民主体地位和主人翁精神。

榕江人人都在参与“村超”。榕江人民可以是“村超”的投资“股东”，可以是抓拍记录美好时刻的摄影师，可以是中场休息的文艺表演者；他们可以以球员的身份在赛场上挥洒汗水，可以以志愿者的身份为赛事提供后勤保障，可以以观众的身份为赛事加油助威，可以以啦啦队的身份为球队呐喊助阵。榕江县每一位老百姓都认为，“村超”是他们自己干出来的品牌，这种全方位、多角度的参与，让“村超”真正成为属于人民的赛事，也让每位参与者都感受到了归属感和荣誉感。

坚持“纯粹足球、快乐足球”同样是“人民至上”理念的体现。劳民伤财的体育运动永远不会受到人民群众的青睐，而“村超”之所以深入人心，正是因为它的“非标准化”。

“村超”坚决防止资本的无序介入，没有商业广告的喧嚣，没有职业球员的身影。这场充满乡土气息的乡村足球体育赛事，从始至终都保持着纯粹的本色。这种纯粹的足球氛围，让人民享有更加充实、更为丰富、更高质量的精神文化生活。大家在这里收获了健康和快乐，收获了团结和友谊，进一步提高了人民群众的幸福感和满足感。

“村超”传播总策划人员曾说：“‘村超’的魂是快乐，‘村超’的发展方向是老百姓最喜欢的赛事，‘村超’的目标就是成为‘村超’世界杯，成为植根于人民群众的全民品牌。”通过秉持“人民至上”的理念，“村超”坚守纯粹与快乐，成功打造出全民共享的足球品牌。

“民族团结”也是“人民至上”的结果体现。“村超”现场悬挂着“让各民族像石榴籽一样紧紧抱在一起”的醒目标语，这使各族人民感受到了尊重。“民族团结”这一理念不仅体现在“村超”的标语上，更融入到它举办的各项活动中，最有代表性的当属“村超春晚”。2024 年 2 月 3 日，恰逢农历南方小年，“2024 全国‘村晚’示范展示活动”暨贵州“村超村晚”在榕江县拉开帷幕。开幕式上，来自全国各地的108支村超球队身着各式各样的民族服饰相继入场，展示着各民族的传统文化和审美观念；精彩的民族歌舞表演《苗族鼓藏节展示》《苗族飞歌》《反排木鼓舞》《锦鸡舞》《鼓乐瑶乡》等，通过艺术的形式促进了各民族之间的情感交流和文化认同。

“村超春晚”为各民族提供了一个展示和交流文化的平台，通过一系列民族特色的活动，增强了各民族之间的凝聚力和向心力，各族群众在共同的节日氛围中感受到了民族大家庭的温暖和力量。同时，各民族之间的文化认同和理解也得以大大增强，这种文化交流有助于推动各民族文化的传承与发展，也有助于构建和谐社会和多元文化的共生共荣。“人民至上”的认同感和“以人为本”的原则体现出在促进民族团结进步方面的坚定决心。

“人民至上”还体现在坚持公益化管理、收益反哺人民，让群众充分享受品牌效益的红利上。“村超”坚持的群众路线核心就是“全员参与，全民受益”，确保“村超”品牌取之于民，收益用之于民。

“村超”运营获得的收益分配体现了其深厚的乡村情怀与社会责任感，其中51%用于壮大村集体经济，支持农村基础设施建设和基本民生事业等，余下的49%则用于乡村体育公益事业发展、青少年足球发展和球队、啦啦队活动经费。这不仅促进了乡村经济发展，也为青少年足球人才的培养提供了有力支持。

在乡村体育公益事业发展方面，“村超”品牌运营方积极作为，投资兴建了足球场、篮球场等现代化体育设施，为孩子们搭建了展示自我、挥洒汗水的运动场所。同时，通过举办足球训练营、篮球赛等体育活动，激发了孩子们对体育运动的热爱与追求。

“村超”品牌坚持赋能乡村振兴、带动群众增收也是“人民至上”的一大体现。让人民群众投身乡村文化振兴，成为乡村文化振兴的主力军，是全面实现乡村振兴的关键抓手。

“村超”赛事的成功举办，不仅丰富了群众的精神文化生活，还带动了当地经济的发展。通过合理规划夜间经济聚集街，鼓励经营主体通过流动摊位、后备箱集市等创新形式入驻，提供餐饮美食和农特产品、赛事周边销售等多样化的服务，有效拓宽了当地群众的增收渠道，实现了“村超”引领“村经济”的华丽转身。

“村超”品牌的“实践性”，为乡村振兴搭建了一个崭新的平台，也促使当地经济和产业发生了翻天覆地的变化。过去，村民外出务工是常态，如今因“村超”的火爆而焕发出新的生机。外出务工不再是乡亲们的唯一选择，更多就业机会的出现，吸引了大量外出务工人员回乡就近工作。以榕江县月寨村为例，“村超”走红后为该村带来了前所未有的发展机遇，蔬菜、水果、林业等产业蓬勃发展，从 2023 年开始，陆续有外出务工人员回到家乡就业，而到了 2024 年，已有半数外出务工的劳动力返乡，为当地乡村发展注入了关键活力。

细数“村超”品牌声名远扬背后的核心秘诀，在于它充分调动了民众的能动性、自发性和创新性。它所展现的理念，并非比照或辅助职业足球的成长模式，而是坚定地走上了全民参与的发展路径，厘清了乡村体育进步与乡村文化兴盛之间的内在联系。一旦明确乡村体育品牌发展是真正以人民为出发点及以人民为首要受益主体，其成功便是水到渠成、理所当然的。

三、各方联动凝聚合力

“村超”品牌的辉煌崛起，其成功之路背后必然少不了政府引导、法治保障与多方协同的强大驱动力。这股合力，共同铸就了一个前景无限、大有可为的品牌。

1. 政府引导：奠定品牌发展基础

政府的引领，是品牌从初露锋芒到茁壮成长的关键，能确保其行稳致远。榕江县政府以政策为舵、方向为灯，为“村超”品牌的规范化、规模化发展铺设了宽广道路。

自 2021 年起，榕江县就成立了由县委、县政府主要负责人领导的新媒体助力乡村振兴机构，乡镇设有新媒体服务中心，村里也建立了新媒体服务站，为“村超”品牌的宣传推广提供了强有力的组织保障。

在“村超”走红后，榕江县政府迅速响应，出台了一系列政策文件，如《2024年“跟着赛事去旅行”实施方案》《黔东南州2024年“村BA”“村超”等赛事带动招商引资工作方案》等，力求进一步挖掘和释放“村超”品牌的经济潜力，同时规范赛事运营，提升品牌影响力。贵州省市场监督管理局（知识产权局）也印发了《“村BA”“村超”品牌培育及知识产权保护工作方案》，全力加强商标培育、品牌创建、知识产权保护等工作力度，持续营造尊重和保护知识产权的良好营商环境，为“村超”品牌的高质量发展保驾护航。

统揽全局的顶层设计与高瞻远瞩的战略规划也是榕江县政府为“村超”勾勒的发展蓝图的一角。政府将“村超”品牌的发展纳入县域经济发展大局，通过体育赛事搭台、文化唱戏，弘扬中华优秀传统文化，同时促进乡村旅游、本地农特产品销售和县域经济的融合发展。信守“打造一个植根于人民群众的超级品牌，实现社会效益和经济效益双赢”的品牌发展愿景，榕江县政府运筹帷幄，精准施策。

2. 立法执法：护航品牌健康发展

在“村超”品牌蓬勃兴起的背后，立法执法如同一座坚固的堡垒，为其健康发展提供了坚实的法律支撑。同时，榕江县还营造了公平公正的法治环境，确保“村超”品牌在法治的阳光下持续绽放光彩。

知识产权是品牌价值的核心资产。为此，“村超”品牌知识产权得到了榕江县司法局、法院等部门的严密司法保护。

2024 年 3 月 16 日，“贵州村超”法官工作站暨“村超”品牌知识产权司法保护联系点在榕江县体育馆正式揭牌成立。该工作站的设立，是榕江县人民法院深入学习贯彻习近平法治思想，做深做实能动司法的重要举措，也是“枫桥式人民法庭”创建活动的一项生动实践。工作站以司法保障为翼，助力“村超”品牌一路披荆斩棘、乘风破浪。同日，在榕江县司法局的引领下，贵州“村超”公共法律服务室应运而生，一支专注于“村超”的专业法律服务队伍随之成立。该队伍汇聚了来自公安、市场监管、综合执法、交通运输及文化旅游等多个部门的精英，针对摊位运营、交通运输、消费者权益保障及赛事观赏中出现的各类矛盾与投诉，实行快速响应服务和一站式处理机制。

平安是人民群众的第一需求，也是“村超”稳健发展的基本保障。因此，榕江县在加强知识产权司法保护的同时，还致力于营造公平、公正的法治环境，为“村超”品牌的长久发展提供保障。

2023 年“村超”赛事举办期间，为确保赛事顺利进行，黔东南州公安局交警支队迅速行动，制定了《黔东南州“村超”道路交通安保总体方案》。他们聚焦于活动核心区域的交通管理，科学规划活动现场周边道路流线，确保贵宾及嘉宾车队能准时、顺畅地抵达指定地点。同时，保障车辆和游客的顺畅进出。

对于活动周边的外延区域，支队则加强了交通监管，对厦蓉高速榕江站、剑榕高速榕江北站、荔榕高速八开站重点收费站，以及G321、G211、G242 三条国道进城路线，乡镇乡村进城道路进行安全监管和车辆源头管控，筑起了一道坚不可摧的交通安保屏障。

榕江县公安局交警大队还根据实际情况，详细制定了交通保障方案和应急处置预案，并绘制了警力部署图和警力安排表。他们严格按照定人、定责、定岗、定时、定目标的“五定”原则，规划并实施了比赛场馆的分流路线、周边停车场的布局，以及进出场馆的道路线路安排。

以信息流、人流、车流、网络流为抓手，榕江公安加强警力部署，强化巡逻防控，建立快速反应机制，全力保障赛事现场治安环境安全稳定。2023 年的“村超”现场共投入公安民警辅警 1.25 万人次，帮助游客、群众解决困难问题 360 余个，实现 124 场赛事“零事故”的良好社会治安局面。

另外，贵州省律师协会还特别指派了律师，为榕江县足球协会提供无偿法律咨询服务。同时，依托“贵州省公共法律服务 12348 热线”平台，贵州省及黔东南州律师协会组织了 20 多名律师，轮流在“贵州村超公共法律服务室”值班，线上线下齐发力，共同助力知识产权司法保护工作的优化与提升。

3. 多方协同：拓展品牌发展空间

“村超”品牌的长久发展离不开众多企业的鼎力支持与紧密合作。近年来，越来越多的企业开始将目光投向“村超”品牌的发展，这种企业合作模式不仅为“村超”品牌带来了更多的资源和资金支持，更为其拓展了品牌的发展空间。

2024 年 9 月 13 日，“村超”品牌方贵州村超品牌管理有限公司与佛山市南海区企业正式签订了《村超品牌授权协议书》，标志着双方合作的深化与拓展。在这次合作中，佛山市南海毛巾有限公司、广东华豆科技有限公司、广东碧泉食品科技有限公司等 11 家南海区企业成功获得“村超品牌”授权，成为“村超”品牌大家庭的一员。这些企业将与“村超”品牌携手，共同打造首批 30 个联名产品矩阵，并面向全国市场进行销售，进一步扩大“村超”品牌的市场影响力和产品覆盖面。

媒体宣传是提升品牌知名度和影响力的重要途径。“村超”品牌深谙此道，通过多元化媒体平台开展了广泛而深入的宣传，不断拓宽品牌的传播边界。

例如，“村超”品牌精心策划并拍摄制作了中英文版《我们的赛场》纪录片。这部纪录片不仅记录了“村超”赛事激动人心的瞬间，更展现了乡村足球的独特魅力和乡村文化的深厚底蕴。通过在省内主要媒体的海外平台 Youtube 账号进行推送，这部纪录片成功吸引了国内外众多观众的关注，进一步提升了“村超”品牌的国际知名度。

此外，“村超”品牌还积极选出推荐官、公益推广大使、国际传播大使等角色，他们来自各行各业、背景各异，但都以自己的方式讲述着“村超”故事，传递着“村超”精神。同时，“村超”品牌还运营好了中国贵州英文网、Facebook 等自媒体账号，及时发布赛事资讯、分享品牌故事，与广大网友进行互动交流。通过多渠道、多角度的媒体宣传，“村超”品牌逐渐深得人心，赢得了越来越多人的喜爱和支持。

“村超”品牌的建设之路，是一段充满挑战与机遇的征程。从最初的萌芽到如今的茁壮成长，每一步都凝聚着无数人的心血与智慧。展望未来，“村超”品牌将持续深耕乡村文化，不断拓展国际视野，加强国际交流与合作，让“村超”的声音传得更远、更响。

| 第七章 |

“村超+产业”模式可行性初探

在当今乡村振兴战略的大背景下，农村产业的融合发展已成为推动地方经济转型升级的关键路径。2023年夏天，“村超”这一现象级赛事横空出世，迅速引爆网络，使得全网超过6亿人次在线观看，全网全平台综合浏览量更是突破350亿次。榕江县延续“村超”热度，乘势而上，全力推动电商产业的蓬勃发展，并成功孵化出2200多个本地直播营销团队。这些团队深入挖掘当地旅游、乡村特产以及文化活动的潜力，展现了强大的市场活力。榕江县以其独特的赛事文化和丰富的资源禀赋，为探索“村超+产业”模式提供了宝贵的实践样本。

本章将深入剖析“村超”火爆背景下榕江县的产业融合与升级之路，探讨这一创新模式如何推动当地经济社会的全面发展，并为其他地区的产业融合发展提供有益借鉴。榕江县的成功经验，无疑为贵州黔东南地区的其他县市提供了有益借鉴。在看到榕江县通过“体育+旅游”模式取得显著成效后，贵州黔东南地区也围绕乡村系列赛事纷纷开始发力，积极探索适合自身发展的“体育+旅游”

变现模式。例如，台江县借助“村 BA”流量，精心规划了包括苗侗传统村落等在内的 5 条旅游精品线路，并计划将台盘村、空寨村、阳芳村打造成一个三角旅游区，进一步推动区域旅游的发展。这一系列举措丰富了当地的旅游资源，为游客提供了更多元化的旅游体验，进一步推动了贵州黔东南地区旅游业的繁荣与发展。

第一节
“村超”火爆下的产业融合与升级

在“村超”的影响下，榕江县迎来了产业融合与升级的黄金机遇。在这一进程中，“村超”成为一条坚韧的纽带，紧密连接了农业、文化、旅游与体育，促进了多产业间的深度交融与协同并进。另一方面，“村超”所引发的轰动效应形成了一股推力，促进了产业链的纵深延伸与广度拓展。毋庸置疑，“村超”正引领着榕江县迈向产业融合不断深化、产业全面加速升级的新征程。

一、产业融合

我国农村经济发展过程中面临着多方面的挑战和不足。究其核心原因，主要在于：农村产业结构过于单一，目前依旧过度依赖传统农业，而农产品加工、乡村旅游等新兴产业欠缺挖掘和推力，尚未得到充分发展；农村人才大量流失，缺乏高素质人才支撑，创新发展缺乏强劲动力；农民增收渠道有限，传统增收效力逐渐减弱，新经济增长点亟待培育。这些短板制约了农村经济蓬勃发展，所以亟须政府、社会及广大民众多方携手并进，共同推动农村产业融合发展，提升农业附加值，增加农民收入，助力乡村实现全面振兴。

产业融合作为一种新兴的产业发展模式，指的是不同产业或同一产业内的不同分支，通过技术、市场、管理等方面的相互渗透和交叉，最终融合为一体，逐步形成新产业的动态发展过程。在我国农村地区，产业融合的理念在时代发展中日益得到重视，并成为推动农业现代化和乡村振兴的重要途径。2015年2月1日，中共中央、国务院印发《关于加大改革创新力度加快农业现代化建设的若干意见》，首次以正式文件的形式明确提出要“推进农村一二三产业融合发展”，为农村产业发展指明了新的前进方向。

在政策的引领下，全国各地纷纷响应，积极探索农村产业融合发展的新路径。榕江县作为其中的积极实践者，近十年来始终紧跟时代步伐，响应中央号召，致力于推进农村一二三产业的深度融合。通过不断创新和实践，榕江县终于以“村超”这一独特赛事形式，将体育、文化、旅游等多产业元素有机融合，交出了一份具有榕江特色的产业融合高分答卷。

在“村超”赛事中，体育与文化、旅游的融合展现得淋漓尽致。“村超”赛事在展现体育魅力和“草根”运动员拼搏精神的同时，也为民族文化提供了广阔的展示舞台。

“村超”赛事的中场表演，观众转身成为表演者，在赛场中央唱起纵横交织、气势磅礴的侗族大歌，没有伴奏，没有指挥，侗族群众凭借他们的默契使得表演一气呵成、完美震撼观众；土家族则带来了一场刚健有力的钱棍舞，铜钱被镶嵌在竹棍两端，随着表演者的动作发出金玉之响。各类传统歌舞、戏曲类非遗轮番上演，在体育竞技中掀起了一股新的文化浪潮。大量游客前来观赛，也带动了当地的旅游业发展。游客们在观赛之余，深入了解了当地的民族文化、历史传承和风俗习惯，形成了体育与旅游、文化相互促进的良性循环。

当我们深入探究“村超”繁荣背后的原因，会发现其中蕴藏着更深刻的产业融合成果：体育、文化、旅游产业的协同发展，为当地体育产业提供了新的发展机遇，促进了体育产业的转型升级。更重要的是，“村超”的成功举办提升了榕江县乃至贵州省的乡村形象，让更多的人看到了当地乡村甚至中国乡村的发展潜力，为未来的经济发展奠定了坚实的基础。

而在“村超”成功打样后，榕江县也开始结合这一热点，进一步思考一二三产业融合的新可能。

首先，榕江县巧妙利用“村超”带来的流量红利，推动第一产业与其他产业的融合发展。榕江县是一个典型的山区农业县，面对传统农业的发展瓶颈，最直接、迅速的破局方法就是把握良机，通过发挥新媒体等信息服务产业的力量，大力推广当地农特产品，实现产业有机融合、人民获利的最终目的。

于是，榕江县着力强化电商与特色农产品的融合，重点推广“榕江青白茶”“榕江百香果”“榕江脐橙”“榕江西瓜”等超过 150 种以“榕”字命名的特色农产品品牌。借助第三产业的东风，榕江县开辟出一条促进农业繁荣、助力乡村全面振兴的高质量发展新路径。

其次，“村超”还成了连接第二产业与其他产业的桥梁。尽管榕江县农业资源丰富，但单纯的农产品销售往往附加值较低，难以实现农业收益的最大化。为此，他们引入加工业，对农产品进行深加工，从而显著提升产品的附加值和市场竞争力。这一举措在提升农业收益的同时，还带动了第二产业增收。

凭借“村超”赛事的知名度和广泛影响力，榕江县成功吸引了一批优强企业前来投资兴业。

此外，第三产业（服务业）与其他产业的融合也是榕江县借助“村超”进行产业融合的重要一步。由于长期经济欠发达，榕江县的第三产业基础薄弱。然而，“村超”的走红对第三产业的服务质量提出了更高要求。为此，榕江县在“村超”赛事的带动下，加速推进了第三产业发展进程，并通过一二三产业融合发展，提高了当地整体经济水平。

以住宿餐饮业为例，随着游客数量的激增，榕江县住宿餐饮业迎来了火爆的“黄金时期”。据榕江县人民政府网报道，2024 年，榕江县城区餐饮行业市场主体营业收入为 14.16 亿元；全县床位数从 5958 个增长至 11000 多个，住宿行业比赛日入住率为 89.63%，住宿行业营业收入为 1.71 亿元。榕江县文旅消费活力得到了充分挖掘和释放，为当地补上了第三产业原本缺乏的一块“拼图”。

二、产业升级

所谓产业升级，是通过技术创新、结构调整、管理优化等手段，推动产业向更高技术水平、附加值和更强竞争力迈进的过程，实现从低附加值向高附加值的跨越。

那么，榕江县为什么要进行产业升级？其核心要义在于提高产品附加值。提高产品附加值，一方面，能让产品在市场上更具竞争力，从而赢得更高的售价，为榕江县带来更为广阔的利润空间；另一方面，还能带动其他相关产业链的延伸和拓展，促进经济的多元化发展。因此，对于榕江县而言，产业升级是一次难得的机遇。这意味着其可以将丰富的农业资源通过产业升级转化为高附加值的加工产品。这不仅能增加农民收入，还能提升地方经济的整体效益，为榕江县的可持续发展注入强劲动力。

在“村超”走红后，榕江县敏锐地捕捉到了这一时机，积极采取了一系列有效的产业升级举措。从生产要素的全面改进入手，到生产效率与产品质量的显著提高，再到产业链的深度挖掘和延展，每一个环节都得到了精心的打造和优化，使得多个产业实现了提质增效，为榕江县带来了显著的经济效益和社会效益。

1. 改进生产要素

榕江县在推动产业升级的道路上，采取了创新性的“五强五化”战略，这一战略成为榕江农业现代化与产业升级的核心驱动力。其中，“五强”涵盖了强化科技支撑、强化品牌建设、强化市场拓展、强化组织方式创新、强化利益联结机制，“五化”则指推进产业规模化、标准化、品牌化、绿色化、融合化发展。

在农业领域，尤其是脐橙产业中，“五强五化”战略发挥着举足轻重的作用。

首先，该战略通过强化科技支撑，推进了脐橙产业标准化、绿色化发展。为种出经济价值更高的好橙子，榕江县积极引进外资企业和先进的经营管理技术，优化项目投资主体结构，探索脐橙品种更新换代的途径。在精选优良品种后，又大力推广优质脐橙标准化种植法，采用科学的施肥、灌溉、病虫害防治等技术，显著提高脐橙的产量和品质。这些技术和经验的更新，为脐橙产业带来了更高效的生产方式和更科学的管理模式。

其次，“五强五化”战略通过强化组织方式的创新，推动脐橙产业规模化、融合化发展。榕江县对老旧、分散的果品基地进行了改造和整合，扶持连片生产大户。这些连片生产大户是指在农业生产中拥有较大面积的连片土地，采用规模化、标准化、机械化的方式进行生产的农户或组织。榕江县通过扶持他们，实现了集中连片种植，统一进行耕作、播种、施肥和灌溉，大大降低了分散作业的时间和人力成本，进一步提升了农业生产效率。同时，集中连片种植脐橙也便于统一的病虫害防治，减少农药和化肥的使用量，进一步提高脐橙的品质。榕江县通过集中资源、提高生产效率，实现了脐橙的规范种植。

最后，“五强五化”战略通过强化利益联结机制，在提高脐橙质量的同时保障农民收益。榕江县政府高度重视脐橙种植技术的培训工作，在产业结构调整的过程中坚持“实际、实用、实效”的原则，围绕脐橙生产开展了一系列技术培训。政府还通过整合各类扶贫资金、林业专项扶贫资金等，支持脐橙种植农户购买种苗、化肥、农药等优质农资。总而言之，榕江县政府和企业为农户提供了技术培训和农资供应等全方位服务，降低农户的生产成本和经营风险，以实际行动支持脐橙产业长久发展。

这些举措不仅是为了让榕江县的脐橙在市场上脱颖而出，卖出更高的价钱，更重要的是通过更高品质的产品，将资源优势转化为经济优势，同时提升地方经济整体效益，为榕江县的可持续发展注入强劲动力。

2. 提高生产效率与产品质量

自“村超”出圈以来，榕江县吸引来的不仅是游客的目光，更引来了无数投资者的关注，他们正注视着这片热土的发展潜力，而当地经济发展也迎来了前所未有的机遇。由于榕江工业基础薄弱，“变则通”成为其工业发展的首要信条。榕江工业园区作为当地经济发展的重要引擎，正以求变的创新举措，助力生产效率提升与产品质量升级。一是紧抓基础设施建设，以完善的生产环境助力生产提效；二是成立产业专班，为各产业量身定做发展蓝图。

园区管委会首先对园区内的交通网络、水电供应、通信设施等基础设施进行了全面梳理和升级，实现了“七通一平”的高标准配置，即道路通、给水通、电通、排水通、热力通、电信通、燃气通及土地平整。完善的供水、供电、通信网络以及严格的环保监管，为企业的稳定生产提供了坚实保障。

同时，榕江工业园区还通过拓宽道路、新增出入口、优化公共交通线路等措施，有效降低了运输成本，减少了时间延误，使得原材料和产品进出更加便捷高效，企业也能更快速地响应市场需求变化，提高生产效率和产品交付速度。

基础设施的完善只是榕江工业园区发展的序章。为了进一步提高生产效率与产品质量，榕江县创新性地成立了产业专班。产业专班由县政府领导挂帅，汇聚了行业内的专家学者、企业家和政府相关部门负责人。他们深入企业一线，倾听企业的心声、实际需求和困难，为企业“量体裁衣”，打造专属发展方案。

榕江县木材加工产业园暨配套物流园就是享受专班“定制化服务”的受益者之一。该园区是榕江工业园区为抢抓新国发 2 号文件和省政府关于将黔东南州“黎从榕”打造成对接融入粤港澳大湾区“桥头堡”重大战略机遇而实施的重点项目。在产业专班的精心指导下，该园区明确了以木材加工为主导产业，同时配套发展物流、板材家具生产等产业。专班还积极帮助企业引进先进的木材加工技术和设备，提升板材的加工精度和表面品质。

此外，产业专班还十分注重提升园区的整体服务水平和管理效能。他们协调政府相关部门，为企业提供一站式、全方位服务，简化审批流程，提高行政办事效率。截至 2024 年，该园区已吸引了多家企业入驻并顺利投产，成为榕江县经济发展的新亮点。

3. 产业链延展

“村超热”对于榕江县而言，无疑是一个千载难逢的发展契机。要想充分利用这一热潮带来的市场需求，进而推动全县经济的转型升级和高质量发展，产业链延展是必须走的一步棋。

产业链延展对榕江县何以如此重要？首先，通过产业链延展，榕江县能够深度挖掘和利用当地丰富的自然资源和民族文化资源，将这些得天独厚的资源优势转化为经济发展优势。其次，产业链的延展促进了农业、工业、服务业等多产业的深度融合，构建起了一条完整的产业链条，提高了农产品的附加值，为农民开辟了更多的收入来源。再次，产业链延展还有助于提升榕江县的整体竞争力，增强其对外部市场的吸引力和辐射力，为榕江县的可持续发展奠定基础。

在榕江县，拥有独特地方资源的乡镇纷纷通过延展产业链踏上产业升级之路。其中，两汪乡作为榕江县青白茶产业的佼佼者，正积极推进青白茶产业“接二连三”融合发展，走出了一条生态优先、绿色发展的新路子。

两汪乡依托得天独厚的自然条件和深厚的民族文化底蕴，大力发展青白茶种植。通过“企业 + 合作社 + 农户”的紧密合作模式，实现了从种植到加工、销售的一体化经营。同时，两汪乡还注重茶旅融合，将茶园打造成景区，让茶农变导游，使游客在体验采茶乐趣的同时，也能深入了解当地的苗族文化和自然风光之美。

青白茶产业的融合发展，不仅延伸了产业链，还通过茶旅融合等方式提升了产业链的附加值。这种融合发展的新模式，有效推动了产业链的升级和转型，增强了产业的可持续发展能力。

除了青白茶产业，榕江县还抓住时机做大做强南板蓝根的“一片叶”产业。县委、县政府积极推进“公司+农户”“合作社或村集体公司+农户”合作模式，大力发展板蓝根种植。按照每户2亩的种植规模，申请扶贫专项资金量化入股到龙头企业、合作社或村集体公司，推行了多种利益联结暨收益分配方式，确保了农户和企业的双赢局面。

在种植规模不断扩大的基础上，榕江县积极对接市场，分析市场行情及走势。结合板蓝根的植物特性，榕江县大步迈出蓝染加工和中药材加工产业“两条腿”，与业内龙头企业携手共建，建成了古法制靛基地，实现了蓝靛膏的大规模生产和全球输出。通过蓝染加工和中药材加工等方式，榕江县提升了南板蓝根的附加值和市场竞争力，还达到了产业链升级和拓展的目的。

在“村超”的带动和影响下，榕江县的产业不断转型升级，走上了特色化、现代化的发展道路。同时，其影响力还不断辐射至周边市县，形成了一种区域产业协同发展的良性循环。

以茶叶产业为例，榕江县与雷山县同为贵州的茶叶主产区，在“村超”的推动下，两县开始加强茶产业的协同发展。通过共享优质茶叶资源、交流先进的种植和加工技术，以及共同开拓国内外市场，两县的茶叶产业实现了优势互补、资源共享。如今，榕江县与雷山县的茶叶已经远销国内外，不仅提升了品牌影响力，更为当地茶农带来了丰厚的收益，形成了茶叶种植、加工、销售与农民增收之间的良性循环。

此外，榕江县与剑河县在林下经济产业方面也有着广泛的合作。两县依托丰富的林木资源，共同探索林下种植、养殖等多元化发展模式。通过技术共享、市场共建和品牌共塑，两县的林下经济产业得到了快速发展，不仅带动了当地农民增收致富，还有效促进了生态环境的保护与利用，达成生态效益与经济效益双赢的局面。

第二节
从“村超”看中国市县产业发展

一、产城融合的生动实践

随着城镇化进程的推进，产业与城市之间的联系日益密切。为了解决产城分离带来的诸如“卧城”“鬼城”等现象问题，学术界和政界开始携手探索产业与城市融合发展的新模式，这就是“产城融合”概念提出的背景。

“产城融合”这一概念，其雏形可追溯至 2009 年。自 2011 年开始，国家层面开始逐渐推动产城融合的发展进程。2014 年，国务院印发的《国家新型城镇化规划（2014—2020 年）》中明确提出，要推进功能混合和产城融合。2015 年，国家发展改革委办公厅发布了《关于开展产城融合示范区建设有关工作的通知》，“产城融合”这一概念第一次正式出现在国家级文件的标题中。

从理念的萌芽到正式文献的出台，再到后来的广泛实践和政策推动，“产城融合”的概念逐渐得到了完善和发展。如今，产城融合已成为产业与城市和谐共生的代名词，城市为产业提供了广阔的发展空间和优越的发展环境，产业则为城市注入了蓬勃的经济活力、提供了充分的就业机会，两者相互依存、相互促进，共同实现产业结构、就业结构、消费结构的匹配，推动城市与产业持续健康发展。

在“村超”成为榕江县域经济发展新名片的背景下，榕江县抓住机调，积极推进产城融合，以产业发展带动城市繁荣，以城市繁荣促进产业兴盛。

1.“村超”如何实现产城融合

在榕江县的产城融合过程中，“村超”作为产城连接的关键要素，将产业与城市紧紧相连，促进了两者之间的互相作用与共同繁荣。

产业发展有力促进了城市功能的完善。“村超”的成功举办，对榕江县的城市功能提出了全新要求。为了满足赛事需求和游客的期待，榕江县加大了对城市基础设施的投入，从改善交通状况、提升住宿条件、加强城市管理、优化旅游环境等多方面入手，提升城市的承载能力，也为当地居民提供了更加便捷、舒适的生活环境。同时，随着旅游产业的蓬勃发展，榕江县的商业、文化、娱乐等城市功能也得到了进一步完善。

城市功能的日益完善，为产业的高质量发展提供了坚实有力的支撑。一方面，完善的交通网络、住宿设施和旅游服务共同为游客打造了便捷愉悦的旅游体验，吸引了更多游客前来观赛和旅游，进一步促进了旅游产业的发展；另一方面，城市商业、文化、娱乐等功能的完善，也为农产品的销售、体育产业的拓展开辟了更广阔的市场空间。此外，城市的教育、科技、人才等资源也为产业的创新升级提供了有力保障。

在“村超”的积极推动下，榕江县的产业与城市形成了良好的循环互动。产业的发展推动了城市经济的稳步增长，促进了就业机会的显著增加，为城市功能的完善奠定了坚实的经济基础；而城市功能的完善又进一步促进了产业的发展，吸引了更多投资和人才，推动了产业的升级和转型。

具体而言，旅游产业的繁荣有力地促进了酒店、餐饮、交通等相关产业的兴盛，为城市创造了更多的就业岗位，拓宽了税收渠道。同时，旅游产业的发展也促进了城市文化的广泛传播和深入交流，提升了城市的知名度和声誉。而体育产业的兴起则为城市注入了新的活力元素，吸引了更多体育爱好者和游客前来观赛和参与体育活动，进一步推动了城市的经济和文化发展。

这种良性循环使得榕江县的产城融合不断深化，实现了产业与城市的协同发展。

2. 榕江县产城融合的借鉴意义

榕江县通过“村超”这一特色品牌推动的产城融合实践，为其他市县产城融合发展提供了具有重要意义的启示和借鉴价值。

在特色品牌塑造与产业提升方面，榕江县凭借其深厚的足球文化底蕴和丰富的民族文化特色，成功孕育出“村超”这一响亮品牌。这一做法启示其他市县，在产城融合发展过程中应深入挖掘和利用本地的特色资源，无论是文化积淀、历史遗迹、地理优势还是自然资源等，都能打造出具有独特魅力的品牌形象，从而吸引外界的瞩目和投资。

“村超”的成功不仅使旅游产业焕发出新的生机，还促进了相关产业的转型升级。例如，农产品的销售借助“村超”平台和直播电商等新兴渠道得到了拓展，提升了农产品的附加值，也让农民的钱袋子鼓了起来。这启示其他市县，在产城融合过程中，要善于利用特色品牌推动相关产业的升级转型，提高产业的竞争力和附加值。

在城乡一体化与乡村振兴方面，“村超”不仅带动了榕江县城市经济的发展，还促进了农村产业的繁荣和农民收入的增加。这启示其他市县，在产城融合过程中，应注重城乡之间的良性互动和协调发展，让城市经济充分发挥辐射效应和带动作用，促进农村产业兴旺、农民增收，实现城乡共赢。

榕江县的产城融合实践，为乡村振兴贡献了创新性的思路。通过深入挖掘农村的特色资源，精心打造亮眼的特色品牌，有力推动农村产业的升级转型，为乡村振兴目标的实现迈出至关重要的一步。这启示其他市县，在产城融合过程中，应注重乡村振兴的推动，通过产业融合、城乡融合等方式，促进农村地区的全面发展。

在创新机制与政策支持方面，榕江县在产城融合过程中高度重视创新机制的建设和完善。借助“村超”这一平台，有效推动了政府、企业、社会等多方力量的协同合作与互利共赢。这启示其他市县，在产城融合过程中，应注重创新机制的建设和完善，形成政府、企业、社会等多方力量参与的多元共治格局。此外，榕江县政府在产城融合过程中给予了积极的政策支持和引导，其他市县也应注重发挥政策支持和引导的作用。政策支持和引导是产城融合的重要力量，制定相关的惠民激励政策机制，可以为产城融合发展提供有力保障。

总而言之，榕江县的产城融合案例对其他市县产城融合发展具有重要的启示意义和借鉴价值。其他市县应结合自身实际情况和特点，因地制宜，充分汲取榕江县的成功经验，探索出符合自身特点的产城融合发展道路。

二、数字化带来的全新可能

随着信息技术的广泛渗透与深入应用，数字化已全面融入社会经济的各个领域。从制造业到服务业，从政府管理到民生服务，数字化都扮演着愈发关键的角色。这种普及和应用使得数字化成为大势所趋。榕江县则敏锐捕捉到这一趋势，敢于顺应时代发展潮流，在“村超”的相关产业发展中积极融入数字化元素，以数字化为强大驱动力，助推产业迈上新高度。

1. 数字化引领农业现代化转型

面对传统农业发展的局限与挑战，榕江县积极拥抱数字化浪潮，引领农业昂首向现代化、智能化方向阔步前行。

智慧大棚是榕江县农业数字化转型的杰出代表。在榕江县车江坝区，一座座智慧大棚错落有致，蔚为壮观，大棚里培育着贵州特产罗汉果。每个大棚内配备了自动喷水机系统、可移动育苗网格、温湿度调控及通风等智能化设施，实现了精准化管理。据国家林业和草原局政府网报道，截至 2024 年榕江县已建成高标准智能大棚育苗基地 4.9 万平方米，年集约化育苗量达 9000 万株。智能大棚不仅提高了育苗效率，还有效保障了作物的生长环境，推动了早熟蔬菜、科技育苗等特色经济的发展。

在智慧大棚内，各类传感器夜以继日地实时收集作物的各项生长数据，如温度、湿度、光照强度等，并通过大数据分析为农民提供科学合理的种植建议。负责智能大棚育苗的技术把关新农人表示：“在智能大棚里，育苗和出苗都不再受天气影响，完全由我手中的遥控器指挥。调温度、测湿度、施肥、喷水，即使身在远处，也能轻松操作。”这种以数据为驱动的管理模式，使得农业生产更加精准、高效。

此外，榕江县还引入了“5G ＋云种养”创新模式，为农业现代化提供了鲜明佐证。“5G ＋云种养”模式结合了 5G 通信技术和云计算技术，它是一种通过实时监控与管理、个性化定制与认养、智能决策与精准农业等手段，推动传统农业向数字化、智能化方向转型的创新农业发展模式。依托 5G 技术和云计算平台，农民可以随时随地通过手机或电脑查看作物生长情况，及时调整生产计划。

同时，借助 5G 大数据技术，榕江县高台村还通过数字化，将稻花鱼、腌鱼、辣椒、大米等当地特色生态食品推广至大湾区消费群体。“榕江高台村生态商城”的视频直播功能，则能让消费者在线亲眼见证自己认养的农产品的生长过程和状况，甚至远程下达种植或养殖的指示，亲身体验从种植到收获的喜悦过程。

这种 5G 融合云计算的种养模式，不仅推动传统农业向可溯源、智能化的现代智慧农业转型，拓宽了乡村无公害绿色大米、稻花鱼、家禽（鸡、鸭）及辣椒等生态特色食品的市场通路，提升了农产品的价值，还显著推动了农民的收入增长，为乡村的全面振兴注入了强劲动力。

2. 数字化重塑文旅产业

传统的文旅产业长期受限于信息不对称、体验缺乏新意、同质化及服务效率不高等难题，难以满足消费者日益增长的个性化追求和多元化体验需求。在此背景下，数字化技术为文旅产业革新与升级指明了新的路径。榕江县充分利用数字化技术的优势，通过多媒体技术、物联网技术、云技术等手段，全面重塑了文旅生态，成功实现了文旅产业的转型升级，为其他市县的文旅发展带来了新思路。

具体而言，榕江县为了提升游客体验，创新性地推出了“看村超·游贵州”线上预约综合服务平台。该平台巧妙融合了3D虚拟导览等前沿多媒体技术，为游客打造了一场沉浸式的旅游盛宴。游客只需轻点手机或智能终端，即可轻松浏览榕江县的秀美风光和特色文化。该平台还集成了物联网技术，实现了对旅游资源的实时监控和管理。例如，智能导览系统能够实时更新停车场位置和空余车位信息，让游客在寻找停车位时更加便捷。同时，物联网技术还应用于景点的安全防护和环境监测等方面，提升了旅游服务的质量和安全性。

为了满足大规模的数据处理和分析需求，榕江县采用了云技术构建智慧服务平台。云技术提供了灵活可扩展的计算和存储资源，确保了平台的稳定运行和高效的数据处理能力。游客在使用平台时无须担心数据丢失或访问延迟等问题，能够享受到流畅、便捷的服务。

值得一提的是，榕江县政府还积极开发了“5G+村超·助力贵州乡村振兴加速度”项目，并成功建设了榕江智慧停车管理平台、榕江县旅游景点人数及境外游客来源统计平台、入境游客短信平台、慢直播平台等一系列大数据平台。这些平台充分运用云技术进行数据存储和处理，借助物联网技术进行数据采集和传输，并运用多媒体技术进行数据展示和深入分析。它们的建成不仅提升了榕江县的智能化旅游水平，还为精准营销和个性化服务提供了有力支撑。

在科技浪潮的推动下，数字化营销与推广成为榕江县积极拥抱科技后探寻出的路径之一。通过对短视频、直播等内容形态的平台的广泛运用，榕江县优渥的旅游资源和特色农产品跨越千山万水，走进千家万户。同时，榕江县依托大数据分析的强大能力，精准定位市场需求，成功推出了多条精品旅游路线，如：“来榕江看村超、游村寨、吃牛瘪、听大歌、住民宿”快旅慢游体验；同步推出“跟着村超啦啦队去旅行”产品，开启别样旅行；开发“村超”+村寨、“村超”+啦啦队等结合的新颖玩法，极大程度上满足不同游客对旅游的个性化、多元化的需求。

榕江县利用数字化技术推动文旅产业转型升级的卓越实践，为其他市县树立了典范，提供了宝贵的经验和启示。其他市县应充分重视数字化技术的应用，深刻认识到多媒体技术、物联网技术、云技术等先进技术在提升旅游服务质量和效率方面的关键作用。同时，应紧跟大数据技术的发展趋势，充分运用大数据对游客行为进行深入分析和准确预测市场需求，推出符合市场需求的旅游产品和路线，实现精准营销的目标。

榕江县的成功实践充分证明，数字化运用是推动地方经济高质量发展的必由之路。我们也期待中国更多地区能够借鉴榕江县的成功经验，结合自身实际，探索出更多具有地方特色的数字化发展之路。

第八章

“村超”开启市县投资新赛道

自 2023 年 5 月“村超”火爆全网以来，榕江这座原本名不见经传的小城逐渐崭露头角。整座县城的变化肉眼可见—— 一栋栋标志性建筑拔地而起、一条条道路畅通宽敞，最为直观的是，县城的新房如雨后春笋般，层出不穷，城市面貌焕然一新。那么，榕江县城的转变和发展给我国市县投资带来何种启发？

市县开启投资新赛道，是市县经济发展适应新时代要求、把握新发展机遇、实现高质量发展的必然选择。

投资新赛道的开辟，能够推动产业转型升级。通过引入新兴产业和技术，推动传统产业转型升级，焕发新生。这不仅有助于提升地方经济的竞争力和可持续发展能力，还能促进产业结构的优化和产业链的延伸。

投资新赛道的开启，激发了市场的无限活力和社会的创造力。新赛道往往伴随着新的商业模式、新的市场需求和新的投资机会。借此契机，市县得以吸引更多的社会资本和创新创业资源汇聚，不仅孕育了新的经济增长点，还完善了创新创业生态，提升了创新能力。

投资新赛道的拓展，增强了地方经济的竞争力。在全球化和市场化的背景下，市县经济面临着越来越激烈的竞争。通过开启投资新赛道，市县可以引入更多的高附加值产业，形成新的产业链和产业集群，从而增强地方经济的抗风险能力。同时，新赛道的开辟还有助于吸引高端人才，进一步提升地方经济的竞争力和可持续发展能力。

本章将对“村超”走红前后的投资情况进行全面梳理，揭示“村超”如何从一个地方性的乡村足球赛事，逐步蜕变为引领市县投资新风向的标志性事件。通过深入剖析“村超”走红前后的投资变化，力求让各位读者更清晰地认识到这项赛事给地方经济、产业结构以及市场活力带来的深远影响，进而为其他地区提供可借鉴的宝贵经验和启示。

第一节 “村超”火爆前后榕江投资情况分析

一、“村超”火爆前榕江的投资环境

谈到“村超”热潮掀起前后榕江县投资情况的变化，用“天差地别”来形容亦不为过。以往，榕江县组队外出招商往往难以赢得

企业的青睐。然而，自 2023 年“村超”火爆走红之后，榕江便成为企业争相造访的热土，前来榕江对接洽谈、签约合作的企业络绎不绝。可以说，榕江县已从“求商若渴”转变为“择商而栖”。

那么，榕江县原先为何会陷入“招商难”的困境呢？根源在于当地经济基础相对薄弱。据贵州省能源局《贵州省 2022 年国民经济和社会发展统计公报》报道，2022 年，榕江县的人均国内生产总值（以下简称人均 GDP）为 31598 元，不仅低于全省平均水平，也低于贵州省内其他多数县市。

深究榕江县经济发展水平滞后的原因，地形限制下的交通劣势和产业基础薄弱无疑是两大症结。

1. 地形限制下的交通劣势

榕江县坐落于贵州省东南部，地处贵州高原向广西丘陵过渡的边缘地带，地貌多样，以中山、低山、丘陵、河谷、盆地为主，地形错综复杂，山地特色明显。这一地形特点给交通建设带来了极大难度的挑战。榕江县内主要出口通道和境内乡村公路存在路险、坡陡、弯大等问题，道路崎岖狭窄，且易受滑坡、塌方等地质灾害侵扰，给交通运输带来安全隐患。

由于地形限制，榕江县的交通条件相对落后。该县距省府贵阳 192 公里，距州府所在地凯里 89 公里，且与周边主要城市联系不畅，道路崎岖难行，交通闭塞，严重制约了原材料和产品的运输效率，还导致成本提高。

此外，受交通条件制约，榕江县的农产品销售市场半径小，市场空间有限。这导致当地农产品难以形成规模化生产，制约了农业产业化的发展进程。

榕江县在地形束缚下交通劣势显著，极大地影响了投资方进入该地区的投资意愿。对于投资方而言，交通不便意味着物流成本攀升、运输周期延长，企业的经营成本随之增加，投资回报率自然也因此降低。同时，榕江县高于其他地区的自然灾害发生率也进一步增加了投资方的顾虑，让投资方望而却步。

2. 产业基础薄弱

在“村超”走红之前，榕江县面临着产业基础薄弱、产业链单一等诸多挑战，这些因素是导致投资方“进不来”的另一重要原因。

具体而言，榕江县的产业结构相对单一，经济主要依赖于农业和传统工业。据相关数据统计，榕江县的第一产业增加值在 GDP 中占比较高，而第二、第三产业的发展相对滞后。例如，在 2023 年，榕江县的三次产业结构比为 25.1 ： 20.0 ： 54.9，其中，第一产业增加值 24.06 亿元，同比增长 4.2%；第二产业增加值 19.17 亿元，同比增长 6.6%；第三产业增加值 52.64 亿元，同比增长 4.4%。规模以上工业增加值完成 30486 万元，同比增长 6.3%，但规模以上工业总产值仅为 12.2 亿元，工业经济非常薄弱，仅木材加工和木、竹、藤、棕、草制品业，非金属矿物制品业以及造纸和纸制品业这三大行业产值就占全县规模以上工业总产值的64.4%。这种产业结构的不合理，使得榕江县的经济根基显得摇摇欲坠，缺乏吸引投资的核心竞争力。

此外，榕江县的产业链相对较短，缺乏深加工环节和高附加值产业，这直接导致了产品附加值偏低，市场竞争力难以提升。因此，投资方在面对榕江县时，往往持谨慎态度，不愿轻易涉足，这进一步加剧了榕江县经济发展的困境。

二、“村超”火爆后引发的投资热

一种现象级事件的产生必定伴随着外界的瞩目，也注定成为商业投资的新选择。得益于“村超”赛事的火爆，榕江县也不置可否成为一块商业投资的火热地带。

在招商引资中，“村超”成为一块金字招牌。随着“村超”的爆火和持续升温，企业家、专家学者纷至沓来，在榕江县进行参观考察，粤港澳大湾区等发达地区更是在榕江县领导的热情邀约下，组团前来投资创业。榕江县积极融入大湾区发展，持续深化“山海协商”“对标行动”“融湾行动”。通过“引进来”和“走出去”的策略，不断学习大湾区先进理念，用大湾区的思维打造大湾区市民、企业认可的“桥头堡”主阵地。

据《榕江县2023年经济社会发展综述》报道，2023年，榕江县共组织33家单位、245人次赴佛山市南海区等地开展对标考察学习，建立对标事项98个、互访交流20余次、召开党政联席会议2

次。围绕“七地”目标，扎实推进了 113 个“桥头堡”项目建设，完成投资 165.12 亿元。

进入 2024 年，榕江县继续深化与大湾区的合作，不断拓展合作领域和深化合作层次。通过持续开展对标考察学习、互访交流和党政联席会议，进一步加强了与大湾区的紧密联系。同时，榕江县还积极推进“桥头堡”项目建设，加大投资力度，加快项目进度，为融入大湾区发展奠定了坚实基础。这些举措不仅为榕江县带来了资金、技术和人才的支持，更为这片土地带来了新的发展机遇，推动了榕江县经济社会的快速发展。

此外，企业对于榕江县的投资也形成了多个投资热点，涵盖了星级酒店与特色民宿、体育行业、文旅产业、农业加工以及物流等多个领域。榕江县的“村超”在发展乡村经济、促进乡村振兴的道路上，充分展现着它的生命力量与发展潜能。

1. 星级酒店与特色民宿的兴起

“村超”的火爆直接带动了榕江县旅游业的蓬勃发展。每当“村超”赛事举办期间，酒店房间的预订名额几乎会在赛事开始前一个月被一抢而空。为了解决赛事期间住宿供不应求的问题，仅在“村超”兴起后的一年内，榕江县就新增了数十家民宿和酒店，其中不乏一些高端品牌酒店。例如，在 2024 年 7 月 30 日，榕江县汇悦酒店举行了建设项目签约仪式，准备建设一家面积为 10928.52 平方米、拥有 160 间客房和会议中心的酒店来提升榕江县的接待能力，进一步丰富游客的住宿选择。

同时，特色民宿和本地家庭旅馆的兴起也成为榕江县旅游的一大亮点。为了满足游客的住宿需求，让游客感受榕江县人民和政府的诚意和热情，也为了开设更多渠道为村民创收，政府倡议本地村民将自己的空房间用来招待游客。这些民宿和本地人家庭旅馆逐渐依托当地独特的自然风光和民族文化进行装修，为游客提供了更加贴近自然和文化的住宿体验。

2. 体育行业的投资热点

“村超”品牌日益走热，使榕江县的知名度和影响力以前所未有的速度攀升，吸引了众多体育赛事运营企业的密切关注。这些企业嗅到了“村超”背后蕴含的巨大商业潜力和市场机遇，纷纷前来榕江县进行实地考察，并积极寻求合作机会。

一些在国内体育赛事运营领域有着丰富经验和良好口碑的企业，它们看到了“村超”作为乡村体育赛事的独特风采和广阔前景，希望通过与“村超”的合作，将这一品牌推向更广阔的舞台，进一步拓展其体育业务版图。

体育行业的投资热点不仅体现在赛事运营上，还体现在体育旅游融合发展上。榕江县充分利用“村超”品牌效应，推动体育与旅游的深度融合发展。例如，打造“15 分钟生活圈”，通过完善旅游基础设施和服务设施，让游客在榕江县内无论是寻找美食、住宿，还是参与体育活动，都能在 15 分钟内完成，大大提升了旅游的便利性和游客的满意度。

同时，榕江县还大力推进“南头塘、北乐乡”美丽休闲乡村项目建设，将这两个乡村地区打造成集体育、休闲、旅游于一体的综合性旅游胜地。游客们在这里尽情参与足球比赛、徒步探险、民族歌舞盛宴等丰富多彩的活动，深切感受体育与旅游的完美融合。

3. 文旅方面的投资热点

为了行之有效地践行党中央的号召，提升旅游接待能力，榕江县加大了对旅游基础设施的投资力度，相继建成了贵州村超媒体产业园、乐里侗乡景区提升项目、滨河体育公园标准轮滑场等一系列旅游基础设施项目，为游客提供了更加丰富的旅游体验。

随着中国对 55 个国家实行 240 小时过境免签政策的实施，外国来中国旅游的人数与日俱增。“村超”赛事的名声早已享誉全球，而热爱中华优秀传统文化的外国人也越来越多，他们惊叹于中华文化的绚丽多彩，对民族文化充满了探索欲，榕江县利用“村超”打造的“文旅专线”无疑成为全球各地足球爱好者和中华文化探寻者的首选。为此，榕江县政府迅速优化文旅宣传策略，紧密契合贵州省打造世界级旅游目的地的理念，精准锁定主要客源市场，强化线上线下、国内国外文旅推介联动，实施精准化营销，构建全渠道营销体系。

同时，榕江县注重运用当下时兴的热门大 IP 的影响力吸引游客前来一探究竟。获得第二十一届中国国际动漫节“金猴奖”综合奖动画电影金奖的电影《哪吒 2》的片头曲中融合了侗族大歌的元素，使得整首歌曲气势磅礴，也吸引了不少游客来到此处，身临其境地感受一番侗族大歌带来的热血沸腾。

此外，文化旅游产品的开发也成为榕江县文旅投资的一大亮点。随着“村超”品牌的影响力不断扩大，榕江县积极引进和培育了一批文化旅游项目，如打造“村超”胜地、平堡月畔湾、乐乡红石滩等旅游网红打卡基地，丰富了榕江县的旅游业态。

4. 农业方面的投资热点

为了提升农产品的附加值和市场竞争力，榕江县积极引进和培育了农产品加工企业，力求通过产业化、规模化的加工方式，将原本初级的农产品转化为更具市场潜力和价值的产品。

罗汉果作为榕江县的一种特色农产品，种植历史悠久，品质优良。然而，由于缺乏有效的加工手段和市场渠道，榕江县罗汉果的产值一直难以提升。科技公司入驻后，开始投资建设罗汉果加工项目，通过精选原料、杀青处理、酶解提取、精制干燥等一系列深加工流程，将罗汉果转化为高价值的健康食品和药品原料，大大提升了罗汉果的附加值，为榕江县经济带来了新的增长点。

而榕江县的罗汉果产业，通过企业科学种植、精深加工和市场拓展的助推，形成了完整的产业链。从种植、深加工罗汉果原浆、口服液、干果，到保价订单签约、直播带货，这一系列流程拓宽了罗汉果的销售渠道，实现了从种植、加工到销售的全产业链发展，有效带动了当地农民增收和乡村振兴。

越来越多的农产品加工企业看到了榕江县的潜力和机遇，纷纷前来投资兴业，进一步推动了榕江县农产品加工产业的快速发展。

5. 物流方面的投资热点

随着“村超”品牌的日益崛起和游客数量的持续攀升，榕江县的物流需求呈现出爆发式的增长态势。为了满足这一日益增长的物流需求，2024 年 9 月，榕江县借助粤黔合作的契机，建成了榕江县粤黔协作新媒体电商智慧物流园。

于 2024 年 12 月正式投入使用的榕江县粤黔协作新媒体电商智慧物流园一期工程，占地 50 亩，总共投资 5600 万元，分为快递共配区、仓储集配区、优质农产品交易区、冷链仓储配送区、粤港澳大湾区物流专线、易搬移民创业就业示范等六个区。

该物流园依托先进的信息化技术，运用智能化软硬件设施、物联网技术、大数据分析及云计算等先进智慧手段，实现了物流管理的精细化、高效化和智能化，极大地提升了物流运作的效率和准确性，有效破解乡村物流“最后一公里”的梗阻问题，为榕江县的电商产业提供了强有力的支撑。

物流基础设施的完善，为榕江县的农产品加工企业提供了坚实的支撑。借助电商平台，榕江县的罗汉果、脐橙、茶叶等特色农产品得以更广泛地走向全国市场，甚至远销海外，受到了消费者的热烈欢迎。电商产业的发展，不仅让农民们的钱袋子鼓了起来，还带动了相关产业链的发展，为榕江县的经济发展注入了新的活力。

三、对比分析：“村超”效应下的投资变化

“村超”一朝走红，让中国乃至世界的目光聚焦于贵州，聚焦于榕江这片充满活力的土地。而在“村超”的强劲带动下，榕江县的投资环境也发生了翻天覆地的变化。曾经，由于地理位置偏远和经济发展滞后，榕江县在招商引资方面常常处于被动地位，缺乏足够的选择权。然而，随着知名度的飙升，榕江县逐渐掌握了投资领域的主导权，拥有了更广阔的选择空间。

这种转变意味着榕江县可以更加因地制宜地选择适合自己的发展方向。无论是引进高新技术产业，还是深耕特色农业和旅游业，榕江县都能根据自身优势和资源禀赋，制定出更加科学合理的规划。这是榕江县在投资层面迎来的历史性转折。

榕江县投资的转变还深刻体现在基建和房地产领域的投资布局上。

随着“村超”带来的旅游热潮，榕江县的基础设施建设得到了前所未有的重视和投入。道路拓宽、桥梁修建、公共设施完善等一系列工程如火如荼地展开。

在房地产领域，榕江县也迎来了前所未有的发展机遇。随着知名度提升，榕江县人口流入大量增加，导致房地产市场需求旺盛，吸引了众多开发商的目光。榕江县政府通过加强监管、花式开展营销促销活动以及开发“村超”主题商住项目等方式，积极应对房地

产市场变化，促进房地产行业平稳健康发展。2024 年 1 月至 4 月，榕江县商品房销售面积完成 10.43 万平方米，在全州排名第二，同比增长 41.14%。同时，招商引资投资 4 亿元建设村超人文社区，投资 3.2 亿元建设村超综合商贸城项目，都显示出开发商对榕江县房地产市场的信心和投资热情。同时，结合当地特色和资源优势，榕江县还积极探索旅游地产、康养地产等新型业态，为房地产市场的多元化发展注入了新的活力。

可见，“村超”的兴起，为榕江县吸引来大量资本，也为榕江县创造出新的投资机会。未来，随着“村超”品牌的持续升温，榕江县有望成为乡村振兴的新典范，为其他地区提供宝贵的经验和启示。

第二节
“村超”投资逻辑与投资环境分析

在乡村体育的火焰被“村超”点燃之后，“村超”这股热情更是蔓延至了投资领域，掀起了前所未有的一股投资热潮。本节将从“村超”引发的投资乘数效应与“村超”所处的投资环境两大维度，细细剖析其背后的投资逻辑与蕴藏的市场机遇。探寻“村超”是如何像一颗投入湖中的石子，激起一圈又一圈的经济涟漪，带动周边产业蓬勃发展；同时，我们又将如何在这片充满机遇的投资沃土上把握机遇，寻找属于自己的发展契机。

一、“村超”引发的投资乘数效应

所谓投资乘数效应，是指在一定的边际消费倾向条件下，投资的增加（或减少）可导致国民收入和就业量若干倍的增加（或减少）。“村超”作为贵州省的一项独创之举，不仅在当地掀起了足球热潮，更在全国范围内引起了广泛关注，其带来的投资乘数效应不容小觑。

“村超”的成功举办，让这座小城声名鹊起，美誉度大幅提升，吸引了众多游客慕名而来。这不仅直接带动了旅游业的繁荣，还促进了当地餐饮、住宿、交通等相关产业的发展。游客的增加带动了消费的增长，而消费的增长又进一步刺激了当地经济的活跃。这种连锁反应正是投资乘数效应的生动演绎。

从旅游业的角度观察，随着“村超”赛事的知名度和影响力不断扩大，这座曾经籍籍无名的小城成为游客们的热门目的地。游客的涌入带动了当地旅游业的蓬勃发展，旅游收入实现了跨越式增长。据统计，2023 年榕江县累计接待游客 765.85 万人次，实现旅游综合收入 83.98 亿元；2024 年榕江县累计接待游客 903 万余人次，实现旅游综合收入 104.58 亿元。这一串串数字背后，是“村超”带来的巨大流量效应和投资乘数效应的有力证明。

随着旅游业的繁荣，榕江县的餐饮、住宿等相关产业迎来了前所未有的发展机遇。新增的餐饮和住宿设施不仅为游客提供了更加便捷、舒适的服务体验，也为当地创造了大量的就业机会和税收收入。

此外，“村超”的成功举办不仅直接带动了相关产业的发展，还激发了榕江县的投资活力。随着赛事的知名度不断提升，影响力不断扩大，越来越多的投资者开始将目光投向这座充满潜力的小城。他们看到了“村超”带来的巨大流量效应和投资乘数效应，纷纷前来考察、投资。这些新增的投资不仅为榕江县带来了更多的资金和技术支持，也促进了当地产业的升级和转型。例如，榕江县围绕“村超”IP衍生产业链项目精准招商，成功引进了一批优强企业入驻，涉及体育用品装备制造、特色农产品加工等多个领域，为当地经济的快速发展注入了新的动力。

总而言之，“村超”走红后，榕江县多方都呈现出蓬勃发展的态势。这种连锁反应不仅促进了当地经济的快速增长，也为榕江县的未来发展奠定了坚实的基础。

二、“村超”投资环境试析

“村超”的成功举办，不仅为榕江县带来了显著的经济效益，还对其投资环境的改善起到了积极的推动作用。

在政治层面上，“村超”的成功举办，是榕江县政府对乡村振兴战略深刻领悟和坚定执行的有力证明。榕江县领导在多个场合强调“村超”对榕江县经济社会发展的重要意义，并表示全县上下要把产业大招商作为经济发展的“生命线”，紧扣“村超”品牌，全力推进产业、招商、投资、消费等各项工作。这不仅契合了乡村振兴的主旋律，更彰显了政府为人民谋幸福的坚定信念。这种政治氛围的营造，为榕江县投资环境的改善创造了良好的条件，吸引了更多的投资者关注和支持。

从市场因素来看，“村超”的成功极大地拓展了榕江县的市场容量。随着赛事知名度的提升，前来参观和旅游的游客络绎不绝，带动了当地餐饮、住宿、交通等相关产业的发展。这些产业的发展不仅为当地居民提供了更多的就业机会和收入来源，还加快了当地商品和服务的流通速度。同时，“村超”还潜移默化地改变了当地居民的消费习惯和消费观念，他们开始更加注重生活品质和文化体验，愿意为高品质的商品和服务支付更高的价格。这种消费习惯的改变为榕江县的市场发展提供了更广阔的空间和无限机遇。

在资源整合利用方面，榕江县充分发挥其丰富的民族文化资源优势，精心策划并举办了多场具有鲜明民族特色的文艺演出和展览活动。同时，节庆活动作为榕江县的又一宝贵资源，也在“村超”的成功举办下带动了当地节庆资源和少数民族节日的开发与利用。通过举办各种节庆活动和少数民族节日庆典，榕江县进一步吸引游客的目光，促进当地文化产业的蓬勃发展，为经济注入了新的活力。通过整合丰富的自然资源和独特的民族文化资源，榕江县成为贵州展示当地魅力与文化底蕴的重要窗口。

“村超”的成功举办对榕江县的劳动力也产生了积极影响。随着赛事知名度的提升和当地经济环境的改善，越来越多的年轻人选择返乡创业或就业。这些年轻人的回归不仅为榕江县的经济发展注入了新鲜血液，还显著提升了当地的人才素质。他们返乡后积极投身于农业、旅游、文化等产业，通过引入新的管理模式和营销手段，提升了这些产业的竞争力和附加值。

在“村超”后的人才战略布局方面，榕江县政府也采取了一系列措施来吸引和培养人才。例如，通过提供优惠政策、搭建创业平台等方式，吸引更多的大学生和年轻人返乡创业或就业。同时，通过加强对当地人才的培训和教育力度，提高他们的专业技能和综合素质。这些措施的实施不仅为榕江县的经济发展提供了有力的人才保障，还促进了当地社会的进步和文明的发展。

“村超”的成功吸引了众多外来投资者的关注和青睐。众多投资者纷纷瞩目榕江县所蕴含的巨大潜力和光明的发展前景，纷纷前往该地进行考察并积极投资。新的资金投入不仅为榕江县的经济发展注入了活力，还促进了当地产业结构的优化和升级。

第三节
“村超”未来投资趋势与挑战

一、“村超”未来投资的趋势

在“村超”的影响下，榕江县正成为一块投资热土，这不是光凭“村超”火爆就能实现的结果，其背后还仰仗榕江丰富的资源优势。“村超”+资源，榕江县正大步奔走在市县投资的康庄大道上，关于它未来的投资趋势，值得我们好好分析。

榕江县清晰地勾勒出了“文化+旅游+体育”的多元化投资路径，将其视为未来发展蓝图，我们可以从文化、旅游、体育三个角度分别分析。

在文化方面，榕江县在“十四五”规划纲要（《榕江县国民经济和社会发展第十四个五年规划和二〇三五年远景目标纲要》，简称“十四五”规划纲要）中明确提出，要保护、传承、弘扬榕江文化。得益于政策的支持和对文化氛围的保护发展，榕江县的文化产业正焕发出勃勃生机，展现出前所未有的发展活力。在旅游方面，随着贵广高铁、厦蓉高速、荔榕高速等交通基础设施的不断完善，榕江县的交通便捷性得到了质的飞跃，这一变化不仅极大地提升了游客的出行体验，更彰显了榕江县大力发展旅游业的坚定决心和远见卓识。在体育方面，“村超”仍将作为榕江县的金牌代表发扬光大，引领体育事业不断迈向新的高度。可以预见，“村超”将成为榕江县体育事业发展的强劲动力，助力其在体育领域取得更加辉煌的成就。

而在“文化+旅游+体育”的投资模式外，由“村超”带来的热度还蔓延到各方面，让榕江县的其余资源得以通过投资行为发扬光大，让投资者也可以获得“村超”以外的经济收益。

1. 农业方面

首先是农业方面的投资热点。随着“村超”火爆引发一系列效应，榕江县的农业发展获得了新机遇。旅游者纷纷涌入榕江，品尝当地美食、购买当地特色产品成为他们行程中不可缺少的事项，这无疑为特色农产品带来了广阔的市场需求。

榕江县农业发达，底蕴深厚，特色农产品琳琅满目，其中，塔石香羊、榕江葛根、锡利贡米、榕江小香鸡等更是声名远扬。

塔石香羊以其清香的口感、鲜嫩的肉质和轻微的膻味，赢得了国家地理标志产品的称号。消费者可以开发羊肉卷、酱羊肉等方便烹饪和食用的深加工产品，让消费者在品尝鲜羊肉之余，也能领略到羊肉制品的别样滋味；榕江小香鸡，其肉质香嫩、富含氨基酸和微量元素，投资者可以通过推广林下放养模式，进一步提高小香鸡的品质，改善其口感，从而使鸡肉产品获得更高的收益。

而在体验当地美食后，游客也会想把这份美味与亲朋好友一同分享。然而，榕江葛根、锡利贡米等特色产品因保质期较短、运输途中容易损坏，作为伴手礼也缺乏一些新意而面临挑战。为了拓展市场渠道，投资者可以投资葛根、大米的加工和营销等环节，将当地农产品进行产品化改造。比如，开发葛根粉、葛根茶、米粉、米酒、米布丁等系列产品，在拓宽销路的同时为特色农产品找到新的发展可能。

2. 基础设施建设方面

在“村超热”的持续升温下，榕江县迎来了前所未有的人流、物流、货流压力。为了确保基础设施能够满足日益增长的需求，增加基础设施建设方面的投资就显得刻不容缓。

近年来，随着环保意识的不断提升和新能源汽车技术的飞速发展，电动汽车逐渐成为榕江县人民出行的新选择。然而，与之相配套的充电桩设施建设却未能跟上这一快速发展的步伐，数量增加相对滞后。在平日里，这一短缺或许还能勉强应付，但“村超”走红后，随着游客数量激增，对充电桩的需求急剧上升。原本就捉襟见肘的充电桩设施，在面对如此庞大的需求时，更显力不从心。因此，加快充电桩设施的建设和完善已成为当务之急。值得一提的是，2024 年榕江县启动了“支持新型农村集体经济项目中的汽车充电桩建设”项目，投资者可以借助这个机会，积极参与充电桩设施的投资与建设，与当地政府及集体经济组织合作，实现自身经济效益和社会效益的双赢。

而针对物流和货流的压力，投资者可以将目光投向物流仓储设施的扩建与升级。通过构建现代化物流园区、高效仓储系统以及冷链物流网络等，有效提升物流效率，乘着“村超”的东风获得更多收益。这样的投资举措，无疑将为榕江县的经济发展注入新的活力。

3. 民族文化方面

通过“村超”走红的远不止是足球这一体育赛事本身，其开场与中场精心编排的民族歌舞表演，同样成为吸引观众眼球的一大亮点。这些表演融合了当地丰富的民族文化，展现了独特的艺术魅力，让人们在欣赏激烈足球比赛的同时，也能领略到别样的文化风情，甚至有不少观众专程为了观看这些民族歌舞表演而来，这也为投资者提供了崭新的投资方向。

榕江县有侗、苗、汉、水、瑶、布依、壮、土家等多个民族，民族文化资源可谓相当丰富，其中，侗族文化与苗族文化以其华丽的表现形式和深刻的文化内涵，在所有民族文化中尤为突出。

例如，侗族大歌是侗族地区一种多声部、无指挥、无伴奏、自然和声的民间合唱形式，起源于春秋战国时期，于 2009 年 9 月被列入“世界非物质文化遗产”名录。“村超”让侗族大歌走向更广阔的舞台，而投资者可以为它更添一把火，如果与当地政府合作，在榕江县内选址建设一个现代化的演艺中心，专用于侗族大歌的展示和表演，邀请侗族大歌的传承人和表演团队入驻，定期举办侗族大歌音乐会、讲座和培训活动，不仅能吸引大量游客前来观赏体验，获得经济效益，而且有助于侗族大歌的传承和发展。

此外，旅拍也是由民族文化旅游兴起的投资热点之一。人们对旅拍有需求，是因为旅拍提供了一种沉浸式的体验，让旅行者能够通过化妆、换服装等方式“一秒入戏”，深度体验当地的历史文化和民俗风情。其次，人们热衷于在社交媒体上分享自己的旅拍作品，收获点赞和评论，这满足了他们的表现欲和社交需求。旅拍还是记录美好回忆的绝佳方式，它能捕捉旅游过程中的精彩瞬间，为消费者留下珍贵的回忆。

贵州的苗族服饰文化，正好是发展旅拍业务的优秀资源。苗族服饰以色彩斑斓、图案丰富著称。而雷山县就是吃到旅拍红利的代表，2022 年，雷山县的旅拍店还只有 20 多家，在“村超”爆火后的 2024 年，旅拍店已经发展到 230 多家，无数游客在赛事结束后，走进我国最大的苗族聚居村寨“西江千户苗寨”，拍摄一组民族魅力大片。

作为投资者，若打算利用榕江县丰富的苗族文化投资旅拍产业，可以充分规划旅拍线路，调度拍摄场景，选取具有代表性的苗族村寨、古建筑、古榕群等作为拍摄场景，确保旅拍作品的独特性和吸引力。同时，可以结合现代科技手段，如无人机航拍、虚拟现实等，为消费者带来更独特的拍摄体验，还可以推出不同风格和主题的旅拍套餐，满足消费者的个性化需求，取得良好的投资回报。

4. 休育方面

随着“村超”赛事的火爆，榕江县迎来了众多家庭观赛的热潮，大人小孩齐上阵，共享足球盛宴。孩子们在感受到足球的乐趣后，心中燃起了对足球的热爱之火，对参加“足球启蒙”等足球兴趣班的渴望愈发强烈。同时，榕江县作为足球历史悠久的地方，当地孩子对足球教学也有着迫切的需求。这为投资者投资足球学校、足球青训中心等提供了绝佳的契机。

而“村超”的火热，不仅让无数足球爱好者趋之若鹜，更吸引了众多足球专业者的关注。众多足球教练、退役球员等专业人士纷纷选择前往榕江求职或定居，这为当地足球专业水平的提升注入了强劲动力。这一趋势也为投资者提供了广阔的投资天地。

投资者可以敏锐捕捉这一机遇，投资建设现代化的足球学校和专业化的青训中心，为孩子们提供系统专业的足球培训。通过引进先进的足球教学理念和方法，结合榕江县的足球文化特色，培养出一批批具有潜力的足球新星。此外，投资者还可以加强体育设施的建设和升级，如建设更多现代化的体育场馆和训练基地，为足球爱好者提供更加优质的训练和比赛环境。

在丰富体育产品和服务供给方面，投资者也可以大有作为，可以研发一系列与足球相关的周边产品，如足球装备、纪念品等，满足球迷们的多元化需求。同时，可以将目光投向赛事应援服务，在公交车等交通工具和商铺等地的广告宣传牌上按照球迷要求，投放球迷喜爱、支持球队的队徽队旗，或专属定制海报。此外，还可以举办各类足球主题活动，如足球嘉年华、球迷交流会等，既增进球迷之间的交流，又可为投资者带来丰厚的回报。

5. 康养旅游方面

考虑到“村超”赛事对家庭游客的吸引力，老年群体也必定是榕江县旅游产业需要考虑的重要对象。随着年龄的增长，老年人对健康的关注度逐渐提高，他们逐渐意识到身体健康对于提高生活质量的重要性。因此，除了精彩的足球比赛外，老人们还可能被榕江县的康养旅游所吸引。

榕江县坐拥得天独厚的自然条件，拥有丰富的自然康养资源。这里水系纵横，地形多样，植物种类繁多，加之气候宜人，空气质量上乘，被誉为“自然空调”和“天然氧吧”，为发展康养旅游提供了绝佳条件。同时，榕江县作为全国杉木优良种源区和杉木中心产区，还拥有丰富的林业资源，其森林覆盖率高，生态环境优越，加之温泉资源充沛，水质上乘，更为森林旅游和温泉康养提供了独一无二的条件。

对于投资者而言，榕江县的森林康养旅游市场潜力巨大，可以建设高端康养度假村，将森林景观与温泉资源相结合，提供集休闲、养生、康复于一体的综合体验；或者创办特色疗养院，结合当地丰富的中医药资源，开展中医理疗、健康咨询等特色服务；还可以打造生态农场，让游客在享受自然美景和温泉疗养的同时，体验农耕文化，品尝绿色有机食品。通过这些投资实现经济效益与社会效益的双赢。

二、“村超”未来投资的潜在挑战

随着“村超”蕴含的商机逐渐被发掘，越来越多的资本开始涌入这一赛事。资本的进入，引发了相关各方的广泛讨论，争论也由此产生。面对资本化、商业化，榕江县和“村超”这一品牌到底是该向左还是向右？有人认为，资本深入后，“村超”难免遭受侵蚀；却也有人坚持认为，“村超”若欲持续发展，资本的引入是其必经之路。

看起来，“村超”光明的未来投资前景暗存挑战，而应对这些挑战的关键，在于妥善解决两大问题：一是如何平衡赛事的商业化运作与民众广泛参与、自主管理之间的关系；二是如何在资本进入后，确保资本的长期驻留，并在众多资本中做出合理取舍。

资本的加入，对“村超”而言，既是机遇也是考验。其利在于，首先，资本为赛事提供了必要的资金支持。“村超”当前的资金来源主要依赖于地方政府的拨款与村民的自愿捐助，这种模式在短期内或许能够维持赛事的运营，但长期来看，并非可持续的解决之道。当前地方财政状况紧张，难以为“村超”赛事提供持续且大额的资金支持。同时，榕江县脱贫时间尚短，民众的经济条件尚未完全改善，频繁要求村民捐款也不是长久之策。资本的介入则能减轻各方的经济压力，提升赛事组织水平，增加赛事安保、医疗救援等方面的投入，更能确保赛事的顺利进行。

其次，资本的介入还能扩大赛事的知名度和影响力。在商业化运作的推动下，通过与央视等主流媒体签订转播协议，“村超”得以在全国乃至全球范围内广泛传播。通过品牌曝光、产品推广等方式，“村超”与赞助商实现互利共赢，为赛事的长期发展奠定了坚实基础。

然而，资本的双刃剑特性也不容忽视。其负面影响在于，资本的介入可能使“村超”失去其原有的纯粹与质朴，导致其“变味”。

作为源自民间、“野蛮生长”的赛事，“村超”球员均是热爱足球的村民，没有赞助经费，就挨家挨户凑，集众人之力，成万人之赛。比赛结束以后，没有奖金，就拿其他的物品来代替，可能是一头猪，也可能是一块肉。然而这种自由、质朴的赛事氛围，正是"村超"吸引大家的关键所在。

乌拉圭著名批评家爱德华多·加莱亚诺在《足球往事》中写道："足球的历史是一段从美丽走向职责的伤感历程。当这项运动变为一项产业，绽放在玩耍乐趣至上的足球美丽之花便被连根拔起。""村超"始终摒弃金钱至上的竞赛观念，摒弃高薪聘用球员与过度商业化的足球模式，只追求一种纯粹的足球乐趣，回归最纯粹的快乐、最单纯的热爱。因此，当商业资本试图介入时，自然有人担忧这份自由会被资本侵蚀。

倘若能妥善协调资本与"自由足球"的关系，资本将成为推动"村超"发展的强大动力。但随之而来的，是另一个亟待解决的问题：如何留住资本？如果"村超"能持续将"真金白银"留在当地，形成可持续发展模式，就能为地方经济的长期发展注入不竭动力。然而，如何能让投资者长久地选择"村超"、选择榕江？这是留给榕江县的长久之问。

同时，只有那些真正认同"村超"理念、愿意长期投入并共同成长的资本，才能成为推动"村超"发展的强大动力。当大量资本同时涌入时，是追求短期的商业利益最大化，还是注重赛事的长期发展与民众体验？做好取舍，也是考验榕江县智慧与远见的一大课题。

第四节
高质量发展背景下市县投资健康发展的路径探索

2024 年中央经济工作会议部署 2025 年重点任务的第一项，就是“大力提振消费，提高投资效益”。显然，在当今时代背景下，投资是驱动经济发展的重要力量。与此同时，如何确保市县投资健康发展，“村超”火爆后榕江的投资繁荣景象或可给我们一些参考。我国拥有 333 个地级行政区、2846 个县级行政区，市县经济不仅是国民经济的基础单元，更关乎国家的长治久安，是推动我国经济高质量发展的重要支点。因此，积极利用投资促进市县经济发展，确保市县投资健康发展，显得尤为重要。那么，如何利用投资探索我国市县经济的发展路径，就成为当前亟待解决的关键问题。

“村超”的出圈为榕江投资带来了助力。然而，针对“村超”面临的资本化争持，以及资本进入后的有效留存与合理取舍问题，我们应推而广之，可以看见中国市县经济在发展过程中可能遇到的一些困局。不少市县在追求经济发展的过程中，往往面临着资源有限与配置效率低下、产业结构单一与转型升级困难、人才流失与创新能力不足的挑战。

面对这些挑战，我们或许可以从“村超”这一具体案例出发，从打造良好的营商环境、找准定位与赛道、政府支持三个方面着手，寻求破局之道。榕江的投资虽然离不开“村超”效应的带动，但更重要的是，榕江政府要主动作为，力争打造一流的营商环境。同时，榕江凭借“村超”这一特色赛事，成功吸引了大量关注和投资，为当地经济带来了新的增长点。榕江县政府还在“村超”的发展过程中给予了大力的支持和推动，为赛事的成功举办和当地经济的繁荣奠定了坚实基础。可以看出，他们不仅健全了保障机制、找准了定位，还为投资者提供了创新、高效的服务方式，极大地增强了投资者的投资信心。

一、打造一流的营商环境

抢抓“村超”带来的宝贵投资机遇，榕江持续推进营商环境法治化与市场化。

在2022年12月6日召开的中共中央政治局会议上，习近平总书记强调要“让干部敢为、地方敢闯、企业敢干、群众敢首创”，这就要求政府必须打造公平诚信的营商环境。

构建一个卓越的营商环境是吸引高质量资本与人才汇聚的关键，能为地方经济注入源源不断的活力。它不仅能够显著提升政府服务效能，减轻企业运营负担，还能促进市场的公平竞争，激发市场主体的创新潜能。榕江县深知此理，通过优化营商环境，致力于构建更加开放、透明、可预期的投资环境。

自“村超”赛事成功跻身公众视野以来，贵州榕江逐渐成为众多企业家瞩目的焦点。他们被榕江得天独厚的自然环境所吸引，纷纷选择在此投资建厂。面对资本涌入的浪潮，榕江县政府秉持“打造良好营商环境”的初心，积极主动转变政府职能，由传统的“领导者”转变为高效的“服务者”。在这个过程中，榕江县政务服务中心展现出创新精神，设立“审批代办服务中心”“工程项目联合审批服务中心”以及推行“跨省通办”服务，并积极探索“云勘验”等云端服务模式。这些举措不断革新政务服务方式，持续擦亮“榕易办”这一政务服务品牌，以高品质的政务服务推动营商环境的全面提升。

除了科技企业的成功案例，榕江县还凭借其独特的魅力吸引了众多其他行业的领军企业入驻。国内知名的农业科技公司在榕江投资建设了现代化农业示范园区，利用当地丰富的农业资源推广先进的农业技术和管理模式，有效带动了当地农业产业的升级和发展。同时，专注于新能源开发的企业也来此投资建设风能和太阳能发电项目，为当地经济绿色发展注入了新的动力。有投资意愿的企业纷至沓来，证明了榕江县营商环境打造的成功。

二、找准投资方向与赛道

根据自身发展实际，找准投资方向与投资赛道，是推动市县投资健康发展的关键所在。对于榕江县而言，找准自身的定位与特色赛道，更是在资本浪潮中脱颖而出、增强竞争力的核心要素。

从市场经济发展的视角来看，县域经济实质上就是特色经济。特色构成了其品牌标识，是县域的优势所在，也是提升竞争力的关键。在加大县域投资力度时，应当充分考虑县域的资源禀赋、产业基础及未来发展需求，既要立足当前实际，又要兼顾长远规划，充分发挥自身优势，凸显特色亮点。

榕江县以农业为突出优势，因此，巧妙利用新媒体手段进行农产品销售就是投资的有力赛道之一。距离榕江县城 30 公里的龙坡山，林下养殖农业如火如荼，主要产品有林下散养鸡蛋、羊烧笋等。通过“村超”的热度带动，当地农民意识到直播行业的潜力，于是积极投身直播销售，通过带货让自家鸡蛋有了新销路。据统计，2024 年 1 ~ 10 月，榕江县农产品线上销售总额高达 1.69 亿元，这充分展示了新媒体电商在助力农产品销售、促进农民增收方面的巨大潜力，也是榕江县农民精准把握创业赛道，从“新农人”变身“兴农人”的力证。

“村超”还为榕江县开辟了一条非遗就业创收的新路径。蜡染是我国的国家级非物质文化遗产，也是少数民族独特的文化艺术瑰宝。它以蓝靛草为染料，运用蜡防技术，在布料上绘制出精美的图案，再以冷水浸煮脱蜡，最终呈现出蓝白相间的美丽效果。而同样在保护名录中占据重要地位的刺绣，同属非物质文化遗产，绣娘们以针为笔，以线为墨，在布料上绣制出栩栩如生的图案。榕江县利用好这两项珍贵的非遗技艺，大力推广蜡染和刺绣产业。不仅在“村超”赛事中邀请超过千名绣娘参与缝制“村超”吉祥物“村超牛”，还在推进全域旅游资源整合工程启动仪式上展示侗族刺绣的精湛技艺。

“村超”的走红成功带动了蜡染、刺绣等手工艺品“出圈”。榕江县以往赋闲在家、照看孙辈的嬢嬢们，因此有了在家门口发挥特长、就业创收的机会。例如“母亲回家”手工坊，找准“村超”文创产品赛道，将“村超”、蜡染、刺绣元素融入足球、包包等日常用品，使产品销量增长 20% 以上。

根据榕江县政府的统计数据，2024 年，榕江县内共有重点文创企业（非遗工坊）12 家，开发了蓝染家居、染花集等 400 多种产品；各文创企业将传统技艺与“村超”文化相融合，开发服饰、包包、玩偶、家居装饰、文创伴手礼等非遗文创系列产品以及“村超”衍生产品 200 余种。

通过充分利用自身农业特色，结合新媒体电商拓展农产品销售渠道，以及挖掘非遗文化潜力、发展文创产业，榕江县不仅提升了县域经济的独特性和竞争力，也为农民增收开辟了新路径。

三、政府支持

在市县投资的发展过程中，政府的角色犹如舵手，政府的积极引导与支持更是不可或缺的力量。然而，政府若过度干预，一味紧抓会导致市场活力受限，创新动力不足；反之，若完全放手任其发展，又会引发市场无序竞争，造成资源浪费严重。所以，政府应当明确自身的角色定位，既要发挥应有的作用，确保投资方向与国家战略和地方发展实际相契合，又要适时放手，让市场机制自由发挥作用，充分激发社会资本的活力。

县政府领导说，“村超”要做好企业家的文章，让企业家满意、有信心。我们现在按照市场逻辑、非商业逻辑助推“村超”发展，既不资本化，又不拒绝市场化，摒弃政府大包大揽推动所有的事情，既让投资者赚钱，也要让投资者愿意投资、放心投资。此番态度当前，政府制定了包括资源供应、融资补贴、人才供给等一系列优惠政策为投资者保驾护航。

在资源供应，特别是土地供应方面，榕江县政府优先为投资者供应土地，确保项目有足够的用地空间；此外，政府还采取划拨、出让土地等灵活供应方式，适应企业的不同需求；政府还根据项目的投资规模、产业效益等因素，提供优惠的土地价格，进一步降低了企业的运营成本，增强了投资者的投资意愿。

融资支持也是榕江县政府吸引社会资本投资的重要手段之一。为了减轻投资者的融资负担，政府为企业的银行贷款提供了贴息支持，有效降低了企业的融资成本。同时，榕江县政府还通过政策引导和资金扶持，积极鼓励社会资本参与项目投资，形成了多元化的投资格局，为项目的顺利实施提供了坚实的资金保障。

除了土地供应和融资支持外，榕江县政府还通过简化行政审批流程提高了审批效率，为投资者节省了时间和成本。在人才引进和培养方面，政府提供了丰富的政策支持和资源，如实施人才引进政策、提供职业培训补贴等，帮助企业吸引和留住优秀人才，为企业的长远发展奠定坚实基础。

“村超”走红，也许是榕江县未曾预料的偶然事件，但其后续各项招商引资的成功，则是社会各界共同努力、“有心栽花”的必然成果。通过一系列创新举措，榕江县最终成功将“村超”品牌影响力转化为经济动力，开辟出市县投资新赛道，也为我国各市县提供了一个活力强劲、值得借鉴的投资样本。

后记

“村超”从本土到全球

在当今这个全球化日益加深的时代，世界与本土的概念已经不再是简单对立的两个范畴。随着发展的深入推进，中国与世界文化的交融碰撞变得日益频繁和深入。这种交融不仅拓宽了我们的视野，也促使我们在文化、艺术乃至更广阔的领域进行深刻的反思与探索。“村超”就向我们展示了本土文化走向全球的一种新路径。

在全球化的大背景下，拥有广阔的格局，意味着能够跨越地域、文化的界限，以更加包容、开放的心态去理解和接纳不同的文化与观念。这种观念是推动社会整体进步、促进文化繁荣的重要力量。

而谈及文化的多元与融合，我们不得不关注本土文化与全球化之间的微妙关系。本土文化是一个国家或民族的精神根基，承载着深厚的历史底蕴和民族情感。它是我们身份认同的重要标志，也是我们文化自信的重要来源。然而，在全球化浪潮的冲击下，本土文化面临着前所未有的挑战。一方面，外来文化的涌入为本土文化带来了新鲜血液和多元视角，促进了文化的交流与融合；另一方面，这也加剧了本土文化的生存危机，使其面临着被边缘化、同质化的风险。因此，如何在保持本土文化独特性的同时，又能够融入全球化的大潮，成为摆在我们面前的一道重要课题。

本土文化要想走向世界，就必须寻找一条有效的传播路径、一座连接本土与全球的桥梁。这座桥梁可以是蕴含深厚文化底蕴的文化产品、艺术作品，也可以是具有广泛参与度和独特魅力的体育赛事。以“村超”为例，这项乡村足球赛事不仅展现了乡村的体育精神，更成为一个展示中国乡村文化、传递中国声音的重要窗口。

“村超”之所以能够成为本土文化走向全球的成功案例，关键在于其独特的运作模式和深远的文化影响力。

首先，“村超”强调全民参与，无论是参赛者还是观众，都是乡里乡亲，共同分享着体育带来的快乐与激情。通过亲民性和广泛的群众基础，“村超”不仅展现了乡村体育的活力与魅力，而且为中国乡村文化的传播提供了有力支撑。

其次，“村超”在赛事中融入了丰富的民族文化元素，不仅提升了“村超”的观赏性，也为其走向世界提供了独特的文化标签。通过“村超”这一平台，世界更加直观地感受到了中国多元文化的魅力，加深了对中国文化的理解和认同。

再次，在信息化时代，新媒体的传播力量不容小觑。“村超”通过新媒体平台进行了广泛的宣传和推广，吸引了国内外众多球迷和媒体的关注。这种跨地域、跨文化的传播方式不仅提升了“村超”的知名度，也为其走向世界奠定了坚实的基础。通过新媒体的传播，“村超”成功地将中国乡村文化的声音传递到了世界的每一个角落。

最后，通过举办国际友谊赛等方式，“村超”成功地吸引了来自世界各地的球队和球迷参与其中。这种国际交流不仅增进了各国人民之间的友谊，促进彼此相互理解，也为本土文化走向世界提供了更加广阔的空间和机会。

通过“村超”，世界看到了中国乡村的活力与魅力，感受到了中国文化的深厚底蕴和独特韵味。这种跨文化的交流与传播方式，不仅提升了中国文化的国际影响力，也为本土文化走向世界提供了新的思路和途径。

从“村超”的成功中，我们深刻体会到，本土文化要想在全球化的舞台上绽放光彩，就必须拥有广阔的格局和开放的心态，勇于跨越地域、文化的界限，去理解和接纳不同的文化与观念。这不仅是“村超”能够走向世界的关键，也是推动社会整体进步、促进文化繁荣的重要力量。

回顾“村超”的发展历程，我们深感其对社会各领域产生的深远影响。它不仅在体育赛事上取得了成功，更在乡村振兴与文化自信建设中发挥了重要作用。通过“村超”，我们看到了乡村经济的快速增长、民族文化的自信展现，以及中国人民对美好生活的坚定追求。

展望未来，“村超”所体现的精神与价值将成为推动中国乡村全面振兴与文化自信建设的重要动力。在新的历史阶段，我们需要继续以“村超”为榜样，深化乡村振兴战略，加强文化自信建设。让我们共同努力，在新时代的征程中，以乡村振兴与文化自信为引领，为实现中华民族伟大复兴的中国梦贡献力量。让世界看到更加繁荣、开放、自信的中国乡村，让“村超”精神激励我们不断前行。

参考文献

[1] 田江韬，周安东，黄秋慧. “村超”里的税故事［J］. 中国税务，2023（9）：35-36.

[2] 陈俊，张旭，温春锋，等. “村超”带动旅游升温消费升级还需后续发力［N］. 中国税务报，2023-07-26（8）.

[3] 刘寅斌. 榕江村超：乡村振兴的新实验［J］. 商业评论，2023（8/9）：185-233.

[4] 于海军. 榕江：稳扎稳打“超”经济［J］. 民生周刊，2023（18）：33-62.

[5] 武凤珠. “村超”，巩固拓展脱贫成果的成功实践［J］. 人民周刊，2024（8）：253-274.

[6] 王德培. 中国经济 2024：周期拐点与结构演化［M］. 上海：上海远东出版社，2024.